HEYNE <

W0347720

Deborah Hucht
und Florian Hucht

# DAS LEBEN MUSS MAN GIESSEN

Großprojekt Kleingarten
Unser Weg zum grünen Glück

WILHELM HEYNE VERLAG
MÜNCHEN

Sollte diese Publikation Links auf Webseiten Dritter enthalten, so übernehmen wir für deren Inhalte keine Haftung, da wir uns diese nicht zu eigen machen, sondern lediglich auf deren Stand zum Zeitpunkt der Erstveröffentlichung verweisen.

MIX
Papier aus verantwortungsvollen Quellen
FSC® C014496
FSC www.fsc.org

Penguin Random House Verlagsgruppe FSC® N001967

Originalausgabe 3/2021
Copyright © 2021 by Wilhelm Heyne Verlag, München,
in der Penguin Random House Verlagsgruppe GmbH,
Neumarkter Straße 28, 81673 München
Redaktion: Nina Lieke
Bildredaktion: Tanja Zielezniak
Covermotiv: Hauptmann & Kompanie Werbeagentur
Bildteil: Alle Bilder stammen von Deborah & Florian Hucht, mit Ausnahme von: Christina Körte, Hamburg: S. 1, S. 3, S. 5 o., S. 6 o., S. 7 m. li., S. 7 u. li., S. 7 o. re., S. 7 u. re., S. 8
Umschlaggestaltung:
Hauptmann und Kompanie Werbeagentur, Zürich
Satz: Schaber Datentechnik, Austria
Druck: GGP Media GmbH, Pößneck
Printed in Germany

ISBN: 978-3-453-60566-4

www.heyne.de

# Inhalt

# Kapitel 1

## Vom Suchen und Finden des Kleingartenglücks – Wie man an einen Kleingarten kommt

»Auf uns!« »Und die Terrasse, eeeendlich!« Wir stoßen an. Es ist Samstag Abend, die Sonne versinkt hinter den Hecken unserer Kleingarten-Nachbarn. Wir sitzen auf den Terrassendielen, die wir gerade erst noch verlegt und festgeschraubt haben, und feiern unser neuestes Projekt. Mehrere Tage voller Plackerei stecken darin – und uns in den Knochen. Vergangenes Wochenende haben wir den Boden geebnet, Steinplatten als Fundamente verlegt, diese mit Kies und Beton austariert und anschließend Sand verteilt, um die Dielen vor Feuchtigkeit zu schützen. Gestern und heute haben wir die Kanthölzer für die Unterkonstruktion montiert sowie die Dielen draufgeschraubt. Klingt im Nachhinein alles easy. Hat uns zwei Hobby-Heimwerker und -Kleingärtner aber reichlich Kraft und auch ein bisschen Köpfchen gekostet. »Vergesst nicht, das Gefälle einzurechnen«, hatte uns Florians Vater noch erinnert, als wir ihm von unseren Plänen berichteten. Er ist Architekt und bewahrte uns vor einem typischen Anfängerfehler. Die Neigung der Terrasse sorgt dafür, dass Regenwasser ungehindert abfließen kann. Damit wir und unsere Möbel später nicht in Schieflage geraten würden, sollte der Höhenunterschied aber nicht allzu stark ausgeprägt sein. Fingerspitzengefühl war also gefragt. Und das, während wir mit den knapp zehn Kilogramm schweren Steinplatten rumhantierten. Wir kamen ordentlich ins Schwitzen. Nicht zuletzt, weil sich der Hamburger Spätsommer dazu entschlossen hatte, noch einmal mit voller Power vorbeizuschauen, und wir jeden Tag bei um die 30 Grad in der prallen Sonne ackerten.

Das Feierabendbier schmeckt danach gleich doppelt so gut. Eigentlich dreifach, denn die Terrasse stand mindestens so lang auf unserer To-do-Liste, wie wir gebraucht haben, einen Kleingarten zu finden. Warum wir das Projekt immer wieder vor uns hergeschoben haben? Unsere Behelfsterrasse – zwei Europaletten – hat ihren Dienst wahrscheinlich einfach zu gut erledigt. Gut, unsere Möbelgarnitur hat nicht draufgepasst, die hatten wir bisher nebendran im Staub aufgestellt. Dass wir regelmäßig Werkzeug oder Schrauben zwischen den Brettern versenkten? Geschenkt. Andere Projekte schienen uns wichtiger.

»Wow, ist das herrlich«, sagt Florian und stellt fest: »Jetzt fühlt es sich so richtig nach Kleingarten-Idylle an.« Und wirklich! Wir haben unsere Gartenstühle auf die Terrasse gestellt und lassen – unsere selbst gebaute Gartenhütte im Rücken – unseren Blick über unseren Garten schweifen. Vor Kurzem haben wir die Hecke auf die kleingartenkonforme Höhe von 1,10 Metern zurückgeschnitten. Dagegen hebt sich bunt unsere Wildblumenwiese ab, die noch in vollster Blüte steht. Durch das fast schon kitschige Sonnenuntergangslicht schwirren noch ein paar Bienen und andere Insekten, was wiederum ein paar freche Vögel dazu animiert, im Tiefflug über unsere

Parzelle zu düsen und ihre Chancen auf ein schmackhaftes Abendessen auszuchecken. Apropos: »Wollen wir morgen grillen?«, fragt Florian. »Klar«, antworte ich, »die Terrasse muss ja gebührend eingeweiht werden!« – Wir müssen lachen. Aus uns sprechen waschechte Kleingärtnernde. Jetzt fehlen zu unserem Schreber-Glück nur noch Flaggenmast plus Fahne unseres Lieblings-Fußballvereins. Und die Gartenzwerge. NOT!

## Auf der Suche nach dem grünen Glück

Den einen Moment, in dem wir beschlossen, Kleingärtnernde zu werden? Gab es nie. Vielmehr hatten wir über die fünf Jahre, die wir in unserer 55-Quadratmeter-aber-immerhin-drei-Zimmer-Wohnung lebten, immer wieder Momente, in denen wir uns nach dem Draußensein sehnten. Dann unternahmen wir einen Spaziergang oder eine Radtour an die Elbe oder machten einen Wochenendtrip ins Hamburger Umland. Hauptsache, raus. Was wir aber bei all den Ausflügen vermissten: das Tür-auf-und-raus-Gefühl. Über einen Balkon oder eine Terrasse verfügte unsere damalige Wohnung nicht. Der Hinterhof war zwar sehr großzügig, doch wer sich hier aufhielt, saß direkt auf dem Präsentierteller, denn die Balkone sowie die meisten Wohnzimmerfenster der Wohnungen lagen zum Hof. Was uns ebenfalls störte: Jeder Trip nach draußen, der länger als zehn Minuten dauern sollte, brauchte akribische Planung. Haben wir eine Sitzgelegenheit? Sind wir warm oder kühl genug angezogen? Wie ist das mit dem Sonnenschutz? Haben wir genug Getränke dabei? Spontan grillen – ein Ding der Unmöglichkeit. Gefühlt brauchte es einen halben Umzug, einen Nachmittag im nahe gelegenen Park zu verbringen.

Als mein Bruder einen Kleingarten übernahm, lächelten wir zunächst über die neue Spießigkeit, die wir hinter der Aktion vermuteten. Und ließen uns schnell eines Besseren belehren. Nämlich, als wir während eines zweiwöchigen Urlaubs den Garten sitteten. Wie schön ist es bitte, schnell nach Feierabend noch im Garten vorbeizuradeln und ein bisschen Zeit im Grünen zu verbringen? Oder sich zu zweit oder mit Freunden zu verabreden, ein Bierchen oder eine Limo zu trinken und ein schnelles Abendessen zu grillen? Oder, während der eine alle Pflanzen gießt, schnell mal im Tomatenhaus eine Wochenration der roten Früchte zu ernten? Oder gleich alles zusammen?!

Klar, ein paar der Parzellen sind mit Tinnef überdekoriert, und in einigen wehen auch die obligatorischen Flaggen örtlicher Fußballvereine oder des Lieblings-Formel-1-Teams … aber hinter den Hecken nickte man uns freundlich zu. Als uns die Nachbarin bei unserem zweiten Besuch ansprach, erschraken wir zunächst: Ist sie sauer, weil wir »Fremde« uns im Garten aufhalten? Oder weil wir gerade den Grill anschmeißen und sie der Rauch stört? Falsch gedacht: »Moin! Ich bin Heike. Ihr macht Gieß-Dienst, oder?« Wir nickten und stellten uns vor. Und kündigten unsere zwei Freunde an, die zum Grillen vorbeikommen wollten. »Einen schönen Abend euch«, sagte Heike und fügte hinzu: »Ach so: Die Mülltonnen findet ihr links vom Eingang.« Heike bewies nicht nur hellseherische Fähigkeiten, sie widerlegte auch direkt mal mehrere Kleingärtner-Vorurteile, die uns im Kopf herumspukten. Auf ihrer Parzelle stand ein kleines Haus, das uns an Bullerbü erinnerte und so gar nicht mit den braunen Schwarzwaldhütten zu tun hatte, die wir sonst so aus den Kleingartenkolonien kannten. Auf dem Rasen – gar nicht mal so akkurat gemäht, wie wir es im Kleingarten erwartet hätten – lagen Kinderspielzeuge herum. Und in den Beeten entdeckten wir hier und da etwas Unkraut – ist das im Schrebergarten nicht verboten?!

Der Garten meines Bruders sieht ganz ähnlich aus – nur mit einem taubenblauen Häuschen drauf und mit einem vor dem Verreisen noch aufgeräumten und gemähten Rasen. Kleingärtnern geht also auch ganz entspannt und nach der eigenen Nase – trotz der vielen Vorschriften.

## Wie unser Traum Gestalt annahm

Nach unserer Gartensitting-Erfahrung stand für uns fest: So etwas wollen wir auch! Also so etwas in die Richtung. Gern mit etwas mehr Platz und Gestaltungsmöglichkeiten als im Garten meines Bruders. Der war bei Übergabe schon komplett fertig gewesen, sodass sofort losgegärtnert werden konnte. Bestimmt auch toll, gerade, wenn man neben Job, Familienzeit und Hobbys außerhalb der Hecken keine größeren Projekte wuppen kann. Wir stromerten von nun an immer mal wieder durch Hamburgs Kleingartenkolonien, um uns inspirieren zu lassen. Und merkten: Wir blieben bei den Parzellen stehen, auf denen es etwas wilder zuging. Bei denen, die hinter beinahe zugewucherten Gartentoren im Dornröschenschlaf lagen. Bei denen, deren Hütten selbst zusammengezimmert aussahen. Bei denen, wo es summte und brummte, weil die vielen Blüten zahlreiche Bienen und andere Insekten anzogen.

Während wir durch die Kolonien schlenderten, sprachen wir darüber, wie unsere Wunsch-Parzelle aussieht: Im Kleingarten unserer Träume steht eine windschiefe Hütte, die etwas Liebe und Do-it-yourself-Willen braucht. Ein Weg aus verschiedenfarbigen Pflastersteinen windet sich über das Gelände. Auf der Parzelle finden sich beim zweiten Hinsehen ein paar alte Rosensträucher und knorrige Obstbäume. Von Moos und Flechten überwucherte Findlinge fassen Beete mit etwas herausgewachsenen Stauden ein. Hinter Beerensträuchern verstecken sich ein Teich, eine Trockenmauer und ein Totholzhaufen ... Wer bei Pinterest »Whimsical Garden« oder »Cottage Garden« eingibt, sieht in etwa, was wir meinen.

Ideal wäre es, überlegten wir, wenn der Garten schon ein paar Fixpunkte hätte, uns aber noch Gestaltungsspielraum ließe. Und Platz und Gelegenheit, uns kreativ und handwerklich auszutoben.

Warum uns das so wichtig ist? Wir haben beide kreative Berufe im Agenturumfeld. Florian arbeitet als Art Director, ich als Content-Marketing-Spezialistin. Wir konzipieren, entwerfen und setzen Kommunikationskampagnen um. Oft werden diese aber nicht eins zu eins so kreiert, wie wir sie erdacht haben, sondern wandern über diverse Schreibtische und durch Entscheidungsrunden, in denen die Ideen verändert und an den Geschmack der Auftraggebenden angepasst werden. Dazu kommt, dass wir vor allem digital arbeiten. Ein Produkt, das wir erdacht und entwickelt haben, in die Hand zu nehmen ist meist nicht möglich. Daher ist uns beiden das Heimwerkern wahrscheinlich auch so wichtig. Unsere kleine Wohnung bot uns leider nur wenig Platz und Möglichkeiten für DIY-Projekte. Immerhin: Für unsere Katzen haben wir schon so einiges zusammengezimmert. Der Katzenkratzbaum war unser erstes gemeinsames Heimwerker-Projekt. Beim Einzug in unsere Hamburger Wohnung zimmerte Florian außerdem auf die Schnelle eine Einstieghilfe für unsere Katzen. Wir wohnen im Hochparterre, und damit kommen sie besser zum Fenster heraus und herein.

Auch für uns selbst werkeln wir hin und wieder etwas. Unsere Stühle etwa sind alle selbst neu bezogen und zum Teil auch bepolstert. Und Florian hat uns eine Pflanztreppe gebaut, die auf dem Balkon unserer ersten gemeinsamen Wohnung stand, den wir nun in Wohnung Nummer zwei aber nicht mehr hatten. Nach unserem Umzug in die schönste Stadt der Welt wanderte sie also in unseren Guerilla-Garten im Hinterhof. In einer ziemlich dunklen Ecke zwischen Küche und Schlafzimmer arrangierten wir dort ein paar Töpfe und Kübel. Hier wuchsen – Nordseite halt – mehr schlecht als recht ein paar mediterrane Kräuter, diverse Minz-Sorten sowie Himbeeren und Erdbeeren. Die Garten-Erfolge hielten sich allerdings in Grenzen. Nicht zu vergleichen mit dem, was die Geschwister über den Sommer immer so in der Familien-WhatsApp-Gruppe posteten oder wovon unsere Mütter uns am Telefon berichteten.

Gärtnern ist in unseren Familien ein großes Thema. Und war in unseren Teenie-Tagen immer wieder Anlass, mit unseren Eltern herumzudiskutieren, denn wir waren nicht schon immer Garten-Fans. Unkraut jäten, Kartoffeln häufeln, Bäume schneiden und Brennholz machen?! Nee danke, nicht freiwillig!

Irgendwann war es aber so, dass wir es genossen, mal in der Erde zu wühlen und uns die Finger schmutzig zu machen. Wir halfen meiner Schwester beim Ausbau ihres Reetdach-Hauses, schnitten begeistert Hecken und grubberten in ihrem Gemüsegarten. Wir ernteten Kartoffeln, Zwiebeln und Zucchini, um dann das Gemüse abends frisch auf den Grill oder in die Glut zu legen. Auch beim Baum- und Strauchschnitt im schwiegerelterlichen Garten in Süddeutschland halfen wir mit – und als an einem Osterfest einmal der Zünsler zuschlug, sprühte Florian einen Nachmittag lang Bio-Spritzmittel, um die Buchsbäume zu retten. Who you gonna call? Uns Garten- und Haus-Busters!

## Erste Ernüchterung

Doch zurück zum Garten unserer Träume. Wir merkten schnell:

Einen zu konkreten Plan davon zu haben, wie der aussieht, bringt uns nicht viel. Denn überhaupt einen Kleingarten in Hamburg zu bekommen ist ungefähr so, wie im Lotto zu gewinnen. Einen pinterestfähigen Cottage-Garden zu ergattern hieße dann, als Einzige den millionenschweren Jackpot zu knacken. Wäre also ziemlich gut – aber auch ziemlich unwahrscheinlich!

Hamburg hat um die 320 Gartenvereine mit knapp 40 000 Kleingärten. Auf den ersten Blick wirkt die Zahl gar nicht mal so klein. Wenn man die Sache allerdings statistisch betrachtet, schrumpfen die Chancen auf einen

Kleingarten auf das Level »miniklein«. Denn laut Statistischem Amt für Hamburg und Schleswig-Holstein leben in Hamburg 1,8 Millionen Menschen. Gut, die wollen vielleicht nicht alle einen Kleingarten. Hören wir auf die zahlreichen Kleingarten-Drang-Bekundungen in unserem weiteren Bekanntenkreis, finden Hamburger im Alter zwischen 25 und 45 Jahren Gärten ziemlich dufte. Und nicht wenige davon bemühen sich auch tatsächlich um einen Kleingarten. Über 560 000 Menschen im besten Parzellen-Anwärter-Alter leben in der Stadt. Geht man nun noch davon aus, dass pro Jahr nur etwa zehn Prozent der Kleingärten in Hamburg den Pächter oder die Pächterin wechseln, heißt das: Auf jede der rund 4000 freien Parzellen kommen etwa 140 potenzielle Bewerber!

In Hamburg – wie in anderen deutschen Großstädten auch – treibt dieser Umstand seltsame Blüten, und so hätten wir zweimal um ein Haar anstelle des großen Loses einen Schwarzen Peter gezogen.

## Hallo, Kleinanzeigen-Kleingarten-Falle!

Einmal sind wir beinahe einem der berüchtigten eBay-Kleinanzeigen-Kleingartenanbietern auf den Leim gegangen. Das Heikle daran? Die Menschen, die diese Gärten ins Internet stellen, scheren sich meist wenig um irgendwelche Auflagen der Kleingartenvereine. Sie verlangen zum Teil horrende Preise für durchgegammelte Lauben mit nicht ganz erlaubten Ein- und Anbauten. Übergeben total verwucherte Grundstücke mit Baumbestand, den sie eigentlich selbst beseitigen müssten. Hinterlassen auch gern mal illegal hochgezogene, inzwischen abrissreife Schuppen voller Sperrmüll und ramschigem Werkzeug, das komplett durchgerostet und nicht mehr funktionstüchtig ist. Und überlassen es am Ende dem »glücklichen« Käufer, sich um ihren Gartennachlass zu kümmern.

Warum wir fast auf ein solches Angebot reingefallen wären? Weil wir erstens UN-BE-DINGT ganz bald schon einen Kleingarten pachten wollten und die Angebotsersteller mit schnellen Übergaben locken. Und weil wir noch dazu komplett blauäugig waren, was faire Preise und das tatsächliche Übergabe-Prozedere in einem Kleingartenverein angeht.

Bei unserem Wunschgarten Nummer eins gefielen uns der Schnitt und die etwas unkonventionell aufgeteilte Hütte. Die windschiefe Veranda fanden wir romantisch – zumal ein paar alte Bäume und Rosensträucher dafür sorgten, dass wir das Alter und den maroden Zustand der Terrasse nicht so recht erkennen konnten. Dass ein paar der Dielen morsch waren und beim Betreten durchbrachen, störte uns nicht weiter, schließlich suchten wir nach einer Herausforderung und hatten uns schon auf handwerkliche Aufgaben eingestellt.

Blind waren wir auch dafür, dass die Hütte eigentlich viel zu groß war und deshalb laut Kleingartenverein garantiert hätte zurückgebaut werden müssen. Aber was wussten wir schon …

Stutzig wurden wir erst, als der Anbieter uns verriet, dass nicht ihm, sondern seinem Onkel der Garten gehörte. »Die Übergabe ist aber gar kein Problem. Der lebt ja im Heim, da geh ich dann vorbei und hol mir die Unterschrift ab«, so der Kleinanzeigen-Ersteller. Uns war das zwar nicht ganz geheuer, wir blieben aber trotzdem erst einmal dran. Bis zum nächsten Telefonat: Der Garten war in der Anzeige für knapp 3000 Euro angeboten worden. »Ich habe jetzt doch noch ein paar andere Interessenten«, erklärte der Anbieter. »Wären 5000 Euro auch okay für euch?« Nein, gar nicht okay! Auf einen Garten zu bieten kam uns dann doch seltsam vor.

Knapp zwei Jahre später schlenderten wir an unserer einstigen Traum-Parzelle vorbei. Die neuen Pächter grüßten ganz freundlich. Sie waren gerade damit beschäftigt, eine neue Terrasse zu bauen. Und zwar an ihre nagelneue Laube. Die alte war nämlich komplett baufällig gewesen und hatte abgerissen werden müssen. Was wir vor lauter Rosenranken bei der Besichtigung damals gar nicht gesehen hatten! Gut, dass unser Bauchgefühl uns einen Rückzieher hatte machen lassen …

Wie bei der zweiten Parzelle, die wir beinahe bekamen. Dabei hätten wir um ein Haar die Katze im Sondermüllsack gekauft! Was uns schlussendlich vor der Entscheidung und vermutlich einem großen Fehler bewahrte? Eine Koniferen-Hecke. Doch von vorn:

Der Kleingarten von Frau K. gehörte zum selben Kleingartenverein wie die Kleinanzeigen-Parzelle. Wir beschlossen, uns beim Vereinsvorstand einmal vorzustellen. Dort hatte man wohl Mitleid wegen des geplatzten Deals und bot uns eine Alternative an – und das, obwohl wir gar nicht offiziell auf der Warteliste standen.

Garten und Laube von Frau K. wirkten im Gegensatz zu dem Kleinanzeigen-Garten sehr aufgeräumt. Okay, bei näherem Hinsehen entdeckten wir einige morsche Bretter in der Laubenwand, und wohin die Abwässer aus dem Spülklo und dem Waschbecken wanderten, konnte uns Frau K. auch nicht so genau sagen. »In die Natur halt«, murmelte sie und zeigte irgendwo unter die Laube. Dafür könnten wir das komplette Werkzeug und Mobiliar übernehmen, versprach Frau K. – »bis auf den Fernseher, den brauche ich«. Sie wollte alles möglichst schnell über die Bühne bringen – was uns sehr entgegenkam. Schließlich juckte es uns so sehr in den grünen Daumen! Der Grund für die Eile: Frau K. würde bald einen neuen Job in einer anderen Stadt antreten und sei dann nicht mehr in der Gegend. Wir sollten uns also schnell entscheiden. Über die geforderten 2800 Euro könnte man dann auch noch mal reden. Sie wäre auch mit 1800 oder so happy, schrieb sie uns kurz nach unserer zweiten Besichtigung. Wir fuhren völlig euphorisch nach Hause, schmiedeten schon große Pläne, wie wir umräumen und den Garten umgestalten wollten. Und nutzten gleich die Vorstandssprechstunde wenige Tage später, um offiziell unser Interesse zu bekunden. Der Vorstand verpasste unserer Hochstimmung allerdings einen radikalen Dämpfer. »Frau K. müsste euch eigentlich dafür bezahlen, dass ihr die Müllhalde übernehmt«, eröffneten uns die beiden Vorsitzenden. Wäre unser Leben ein Comic, hätten über unseren Köpfen einige Fragezeichen gestanden. »Na ja, die gute Frau K. muss erst mal noch ein paar Auflagen erfüllen. Da steht noch eine Reihe Koniferen, die müssen weg. *Bevor* sie die Parzelle an euch übergibt«, sagte Vorstand Nummer eins. Außerdem habe der Garten eine regelrechte Problem-Ecke. »Habt ihr euch mal hinten links im Garten umgeguckt?«, fragte Vorstand Nummer zwei. Klar haben wir. Dort steht eine imposante Brombeerhecke, die wir eigentlich sehr sympathisch und erhaltenswert fanden. »Hahaha, ja, ratet mal, warum die Hecke so hoch ist?!«, höhnte Vorstand Nummer zwei. Wir fühlten wieder die Fragezeichen über unseren Köpfen aufploppen. »Wir vermuten einen ziemlich großen Haufen Müll hinter dieser Hecke«, erläuterte Vorstand Nummer eins. »Dazu hat Frau K. mehrmals Briefe von uns bekommen. Sie muss den Schutt da schon noch entsorgen, bevor eine Übergabe stattfinden kann.«

Unsere Freude wurde also erst mal im Keim erstickt, und wir beschlossen, noch einmal mit Frau K. zu telefonieren. »Alles Spießer und Säufer da im Vorstand«, ereiferte sie sich ziemlich aufgebracht. »Die paar Bäume werdet ihr schon rausbekommen. Ihr seid ja zu zweit, ich schaff das gar nicht allein. Und mein Müll ist das auch nicht, das muss jemand über den Zaun geworfen haben!« Eine weitere Besichtigung sei allerdings ausgeschlossen, sie sei nicht mehr in der Stadt. Wir sollten uns aber im Laufe des Abends noch entscheiden.

In diesem Moment löste der Lärm von zig Alarmglocken die vielen Fragezeichen in unseren Köpfen ab. Wahrscheinlich schwelte zwischen der Pächterin und dem Vereinsvorstand über Jahre schon ein Streit. Und wir haben schön ins Wespennest gestochen. Als Außenstehende konnten wir nicht nachvollziehen, wer nun im Recht war. Was wir aber feststellten: Wir wollten nicht zwischen die Fronten geraten und Auflagen anderer Kleingärtnernder abarbeiten – wir wollten doch mit unserem Traum vom Garten starten! So sagten wir Frau K. also ab und beschlossen, die Suche nach unserem Kleingartentraum zu einem späteren Zeitpunkt wieder aufzunehmen.

Etwa vier Wochen später besuchten wir an einem Tag der offenen Tür einen Kleingartenverein, der unserer Wohnung am nächsten lag. Nicht nur die Nähe zu unserem Zuhause schien uns attraktiv, auch die Tatsache, dass viele Parzellen direkten Zugang zu einem kleinen Fluss haben. »Schön, dass Sie heute hier sind. Wir sehen uns dann wohl in zwei bis drei Jahren wieder, wenn überhaupt«, begrüßte uns der Vereinsvorstand, der die Infoveranstaltung durchführte. »Wollen wir uns trotzdem schon mal duzen?« Wir waren zunächst etwas vor den Kopf geschlagen: Waren wir für ihn nur eine Zahl auf einer Warteliste?! Wenig später wurde uns klar – ja, leider! Weil sich einfach so viele Menschen auf die attraktiven Kleingärten mitten im Wohnviertel und noch dazu mit Wasserzugang bewerben. Eine konkrete Zahl nannte der Vorstand nicht, verriet uns aber eine Menge über das Kleingartenwesen in Hamburg. Und warum die Bewerbungsverfahren oft so langwierig sind.

Laut dem Vorstand sieht eine typische »Kleingartenkarriere« so oder zumindest sehr ähnlich aus: Die Neu-Gärtnernden sind im ersten Gartenjahr meist sehr euphorisch und reißen richtig viel auf ihren Parzellen. Bauen kleine Hochbeete für und mit ihren Kleinkindern auf. Verlegen Rollrasen, um es schön flauschig, aber ja nicht zu aufwendig zu haben. Stellen dann noch Spieltürme, Planschbecken und Trampoline auf diesen Flauschrasen, damit der Nachwuchs auch gleich bespaßt ist. Im zweiten Jahr verwittern die Spielgeräte dann bereits, weil die Familie andere Hobbys gefunden hat und ihre Gartenbesuche an einer Hand abzuzählen sind. Im dritten Jahr wuchert die ungenutzte Parzelle schließlich vor sich hin, und die

Menschen sind nur noch durch Auflagen-Briefchen und Verwarnungen dazu zu bewegen, in den Garten zu kommen. Das wiederholt sich für mehrere Gartensaisons, bevor sich die Menschen dann selbst eingestehen, dass sie vielleicht doch keine Kleingärtnernden sind.

Warum ihm und anderen Kleingarten-Vorstandsmitgliedern das ein Dorn im Auge sei? Weil sie nicht alle Jahre wieder von Neuem nach geeigneten Pachtenden suchen wollten. Und jedes Mal wieder über Auflagen diskutieren. Sich an diese zu halten sei sogar politisch. »Überlegt doch mal«, sagt der Vorstand. »Wenn ihr jetzt jemand von der Stadt wärt und auf der Suche nach attraktivem Bauland. Dann schaut ihr ja nicht zuerst auf den Stadtrand. Nein, dann schaut ihr, welche Flächen bisher nicht optimal genutzt werden. Und wenn ihr dann eine Reihe verwilderter Gärten seht, deren Besitzer sich an keinerlei Auflagen der Stadt oder des Landesgartenbunds halten – dann liegt ja der Gedanke nahe, dass man vielleicht aus der Grünfläche ein Wohngebiet machen sollte. Da hätten dann ja viel mehr Menschen etwas davon!«

Darum sei es so wichtig, egal, ob in seinem Verein oder in einem anderen, »direkt sichtbar« die Auflagen des Landesgartenbundes zu erfüllen. Heißt: Die Hecke ordentlich zu pflegen und direkt dahinter Beete zu errichten, ein paar Obststräucher, -bäume oder sonstige Nutzpflanzen zu setzen. »Ob eure Hütte jetzt ein bisschen zu groß ist oder ihr euren Rasen zu selten mäht … geschenkt! Wenn es vorne erst einmal nach etwas aussieht, ist der Rest zweitrangig!«, erklärte der Vorstand weiter.

Zum Schluss gab er uns noch einen weiteren Tipp mit auf den Weg: »Schreibt immer mal wieder den Vereinsvorständen, auch wenn ihr schon lange auf der Liste steht. Manchmal ergibt sich spontan etwas, wer weiß!« Und ergänzte: »Wenn ihr kein Interesse mehr an einem Gartenverein haben solltet, meldet euch aber bitte, bitte von der Warteliste ab, das erspart uns einige Arbeit!«

Wenn wir ehrlich sind, hatten wir uns heimlich erhofft, nach dem Tag der offenen Tür einfacher an einen Garten zu kommen. Dass wir erst brav zwei Stunden absitzen, um dann am Ende direkt ein Angebot für eine freie Parzelle zu erhalten. Leider nein, leider gar nicht. Aber immerhin haben wir ein paar Dinge gelernt, was die ach so spießigen Auflagen angeht. Und wie man vielleicht schneller an eine Parzelle gelangen könnte.

## Mit Vollgas auf Kleingartensuche

Wir beschlossen daraufhin, aktiv zu suchen, und erstellten zunächst eine Liste der Kleingartenvereine, die für uns infrage kamen. Die Kriterien: Sie müssen gut mit dem Rad, aber auch mit Bussen oder Bahnen erreichbar sein. Unser Plan war nämlich von vornherein, möglichst ohne Auto zu kleingärtnern. Es sollen außerdem gern ein Baumarkt und/oder ein Bäcker in der Nähe sein. Und: Sie sollen bitte nicht zu spießig wirken! Also klapperten wir nacheinander die Vereine auf unserer Liste ab, um uns ein Bild zu machen. Einen Spaziergang brachen wir tatsächlich direkt wieder ab: Auf einer Seite der Parzellenansammlung verlief eine breite Straße, auf der anderen Seite rauschte eine S-Bahn nach der anderen vorbei. Nicht gerade attraktiv, wenn man einen ruhigen

Feierabend dort verbringen will. Der Verein bestand außerdem aus einer nicht enden wollenden Aneinanderreihung von oldschooligen Steinlauben mit sehr gleichförmig wirkenden Blumenbeeten davor. Eins muss man dem Kleingartenverein allerdings lassen: Rege genutzt schienen die Parzellen zu sein. Aus dem Vereinshaus ertönten kräftige Schlagerklänge – Sommerfest! Davon angezogen pilgerten zahlreiche Menschen aus ihren Parzellen in Richtung Party-Musik. Nicht ganz unser Ding. Und damals für uns noch ein absolutes Ausschluss-Kriterium. Wenn wir bedenken, wie viele Vereins-Aktivitäten mit Nicht-ganz-unser-Fall-Musik und -Getränke-Auswahl wir inzwischen schon hinter uns haben ... man gewöhnt sich an so einiges!

Parallel zu unseren Besuchen in den Gartenvereinen schrieben wir die dazugehörigen Vorstände an. Zuallererst die, deren Vereine freie Parzellen auf der Website des Landesgartenbunds ausgeschrieben hatten. Hier stellten wir schnell fest: Wenn die Gärten den Weg ins Internet gefunden haben, sind sie eigentlich schon so gut wie vergeben. Bis die Vorstandsmitglieder die Infos dazu ins Netz gestellt haben, haben sich meist schon passende Pachtende gefunden – über die Warteliste oder Vitamin B.

Wir schrieben auf gut Glück die Gärten an, die aktuell keine Angebote online hatten. Länger als die zwei bis drei Jahre kann die Warteliste hier ja auch nicht sein, oder?! Jackpot! Innerhalb weniger Wochen wurden unsere Bemühungen belohnt. Wir konnten eine Parzelle übernehmen und sind seitdem stolze Kleingärtnernde!

Schon der dritte Garten-Vorstand biss an: »Vielen Dank für Ihre sympathische Anfrage«, schrieb uns Alexander.

»Wir haben tatsächlich freie Gärten.« Wir konnten unser Glück kaum fassen. Nachdem wir einen Bewerbungsbogen ausgefüllt hatten, schickte uns Alexander direkt eine Auflistung mit mehreren Parzellennummern zu. Wir sollten uns einfach einmal umschauen. Bei Interesse würde man dann den Kontakt zu den jetzigen Pächtern herstellen. Die Gärten seien zum Großteil schon geschätzt, die Preise seien auch schon vermerkt.

Das las sich schon ganz anders als die Fantasiepreise, die wir von unseren vorherigen Besichtigungen gewohnt waren. Fragezeichen? Alarmglocken? Fehlanzeige!

Mit der ausgedruckten Mail in der Hand wanderten wir dann an einem Nachmittag alle freien Parzellen in der Anlage ab. Lugten über Zäune und durch Hecken. Wonach wir suchten? Das konnten wir gar nicht wirklich sagen. Wahrscheinlich danach, gefunden zu werden. Und wirklich: Als wir auf der Parzelle standen, die später unsere werden sollte, machte es klick. Die fühlte sich direkt richtig an.

Andere Interessenten als uns gab es dafür nicht. Kein Wunder – es handelte sich nämlich um ein Stück Brachland. Ein ziemlich großes noch dazu. Hier hatte ein Haus gestanden, in dem eine Frau seit den Fünfzigerjahren fest gewohnt hatte. So wie die Nachbarn drum herum – die Wohnungsnot der Nachkriegszeit hatte es möglich gemacht. Nachdem die Vorpächterin, Frau S., ins Pflegeheim gezogen war, wurde das Haus abgerissen. Einzig eine Fläche mit Bauschutt, über dem sehr viel Unkraut wucherte, zeugte noch davon.

Eine Nachbarin zur Rechten schaute über das Gartentor: »Seid ihr die Neuen?« – »Noch nicht, wir schauen nur mal«, antworteten wir. »Die Goldrute hier, die müsst ihr dann rausreißen«, erklärte sie und zeigte auf eine Ansammlung mit knallgelb blühenden Pflanzen direkt am Zaun, unsere Antwort ignorierend. Etwas verschroben, aber nicht unsympathisch. Wie auch Nachbar Nummer zwei, der uns kurz darauf heranwinkte. Er war gerade dabei, in seinem Garten Unkraut zu rupfen. Das Hemd hatte er der Hitze wegen aufgeknöpft. »Huch, ich muss mich erst mal manierlich machen«, murmelte er, fummelte schnell die Knöpfe an seinem Hemd zu und schüttelte uns dann überschwänglich die Hände. »Friedrich, ich war mal Vorsitzender im Verein«, sagte er. Und führte weiter aus: »Wird Zeit, dass hier mal was passiert. Frau S. konnte am Ende nicht mehr so wie früher, ein Jammer.« Er deutete auf das, was einst ein Rasen gewesen war – inzwischen ein sehr weicher Teppich aus überlangen Gräsern, Moos und Efeu. »Die Sträucher hat sie am Ende auch nicht mehr regelmäßig geschnitten. Aber Sie wirken ja ganz kernig, das bekommen Sie bestimmt schnell in den Griff«, befand er, nachdem er uns einmal von oben bis unten begutachtet hatte.

Ob es die Nachbarn waren, die uns gleich als »die Neuen« angenommen haben? Oder der Umstand, dass wir mit der Parzelle Nummer 218 quasi ein weißes Blatt Papier zur Verfügung hatten, auf dem wir uns – die Kleingarten-Auflagen natürlich immer fest im Blick – würden austoben können? Oder doch die Lage des Gartens, der Länge nach gen Süden ausgerichtet, was bedeutete, dass wir von morgens bis abends die Sonne auf unserer Seite haben würden? Wer weiß, wir hatten jedenfalls ein sehr gutes Gefühl, was das Stück Land anging, wollten unsere

Eindrücke aber erst einmal wirken lassen. Bei unseren Traum-Parzellen Nummer eins und Nummer zwei waren die ja auch gut gewesen, weshalb wir etwas vorsichtig geworden waren. Wir pflückten aber schon einmal einen Wildblumenstrauß, um das gute Gefühl mit nach Hause zu nehmen. Schafgarbe, Kamille und Cosmeen blühten immer noch auf unserem Küchentisch, als wir dann ein paar Tage später den Vertrag mit dem Verein unterschrieben.

In der Zwischenzeit hatten wir den Garten ein weiteres Mal besichtigt und uns mit dem zweiten Vereinsvorstand, Walter, getroffen. »Eigentlich müsste die Parzelle noch mal geteilt werden«, informierte er uns, fuhr dann aber fort: »Wenn ihr es euch zutraut, lassen wir die Parzelle aber erst einmal so groß. Nachverdichten können wir immer.« Wir schauten uns an – trauten wir uns das zu? – und nickten beinahe zeitgleich. »Ja, siehste, so seht ihr nämlich aus«, stellte Walter zufrieden fest, bevor er sich auf sein Klapprad schwang, um zur nächsten Verabredung auf einer anderen Parzelle zu düsen.

Und so unterschrieben wir wenig später und bekamen symbolisch den Schlüssel für die Gartenpforte überreicht. Neben der klaffte ein etwa eineinhalb Meter großes Loch in der Hecke, hier waren die Abrissbagger durchgefahren. In genau dieser Heckenlücke standen wir nach der Vertragsunterzeichnung und schauten noch etwas ungläubig auf »unsere« Parzelle. Knapp 800 Quadratmeter Platz für unsere Gartenträume. Die einzige Auflage? Dass wir innerhalb von zwei Jahren eine Gartenhütte errichten und diese ans Stromnetz anschließen lassen. Und natürlich Rasen, Hecken, Sträucher und Co. pflegen. Weil keine Laube auf der Parzelle stand und sich auch sonst keine nennenswerten Pflanzen darauf befanden, bezahlten wir für die Übernahme zudem keinen Cent! Unsere Gartenträume schienen endlich wahr geworden zu sein ... Dass sich der Boden später als schwermetallverseucht entpuppen sollte und uns auf dem Weg zum Gartenglück einige Steine im Weg liegen würden, wussten wir zu dem Zeitpunkt noch nicht. Vermutlich auch ganz gut so. Denn so starteten wir voller Tatendrang mit unserem Großprojekt Kleingarten.

## *3 x 3 Tipps für die Kleingartensuche*

Ein wichtiger Punkt, bevor man sich auf die Suche nach einem Kleingarten begibt, ist zu wissen, welche Art von Garten zu einem passt. Diese drei Fragen für sich zu beantworten kann helfen:

1. **Wie weit entfernt darf der Kleingarten liegen?**
Wer ein Auto hat, hat einen größeren Radius. Wir kleingärtnern ohne Auto, deshalb war uns wichtig, dass unsere Parzelle maximal 20 Fahrrad-Minuten von unserer Wohnung entfernt liegt.
2. **Wie groß darf der Kleingarten maximal sein?**
Wir haben mit einer Fläche über 800 Quadratmeter eine riesige Parzelle. Die meisten Kleingärten sind etwa 300 bis 400 Quadratmeter groß. Mehr Garten bedeutet natürlich auch mehr Arbeit.
3. **In welchem Zustand sollte sich der Kleingarten befinden?**
Wir haben ja eine Herausforderung gesucht, weshalb es für uns völlig fein war, die Parzelle ohne Hütte und ohne

alles zu übernehmen. Wer über wenig Zeit verfügt oder sich handwerklich nicht so viel zutraut, sucht am besten einen Kleingarten mit Hütte und einem bereits angelegten und gepflegten Garten.

Im Wesentlichen gibt es drei Möglichkeiten, freie Kleingärten zu finden:

**1. Die Website des Kleingartenvereins oder vielmehr die des Landesverbandes**

Die Krux: Vielen Vereinsvorstandsmitgliedern mangelt es an Zeit oder Technik-Talent. Bis eine freie Parzelle den Weg ins Internet findet, ist sie daher schon oft vergeben. Also lieber einen Verein aussuchen und direkt anschreiben.

**2. eBay Kleinanzeigen**

Die Krux: Nicht immer ist ganz legal, was auf der Gebrauchtplattform so angeboten wird. Besser parallel den Vereinsvorstand ansprechen, um den möglichen Ablauf der Übergabe zu prüfen.

**3. Persönliche Tipps von privat oder über Facebook-Gruppen**

Die Krux: Vereine haben oft lange Wartelisten. Wenn der Kontakt einen guten Draht zum Vereinsvorstand hat, führt manchmal aber ein Weg dran vorbei.

Kleingartenvereine funktionieren generell meist sehr gut über persönliche Kontakte. Drei Tipps, um diese aufzubauen:

**1. Gesicht zeigen**

Viele Vereine bieten einen Tag der offenen Tür oder ein offenes Sommerfest an. Hingehen, Hallo sagen, mündliches Gesuch aufgeben.

**2. Nähe herstellen**
Vereinsvorstände sind auch nur Menschen und freuen sich über nette, persönlich gehaltene E-Mails. Eine Bewerbung um einen Garten sticht dann hervor, wenn man einen Bezug zum Gärtnern oder zum Vereinswesen herstellt.
**3. Über die Hecken lugen**
Kein Kleingarten ohne Nachbarn und Nachbarinnen. Das Gespräch mit den potenziellen Schreber-Nachbarn suchen und dort einmal vorfühlen, kann weiterhelfen!

# Kapitel 2

## Wir wissen, was du letzten Sommer *nicht* getan hast – Bestandsaufnahme und erste Schritte

»Does it spark joy?«, lautet die Schlüsselfrage, die das japanische Aufräumwunder Marie Kondo allen Ausmistenden stellt. Wenn ein klares JA die Antwort ist, darf der Gegenstand oder das Kleidungsstück bleiben. Zögert die oder der Aufräumende, gehört das Ding auf den Stapel mit Habseligkeiten, die gehen müssen. Oder die sich die Ausmister noch einmal genauer anschauen sollten.

Die Herausforderung bei einem Garten? Der verändert sich ständig – was ja auch das Schöne daran ist. Nur: Wenn man feststellen will, was denn eigentlich für einen Joy sparkt und was rausgerissen gehört, vergeht sehr viel Zeit. Im besten Fall gibt man dem Garten nämlich ein ganzes Jahr, seine Pracht und auch seine Schandflecken zu zeigen. Aber erzählt das mal einem Menschen, der ganz neu einen Garten übernommen hat! Frisch-Kleingärtnernde könnten vor lauter Übermotivation Bäume mit bloßer Hand rausreißen. Und wollen am liebsten nicht lange fackeln, sondern das Grundstück bis vorgestern nach ihren Vorstellungen ummodeln.

# Drachen zähmen leicht gemacht

So mutierten auch wir an den ersten Wochenenden nach der Schlüsselübergabe zu Unkrautvernichtungsmaschinen. Dort, wo einmal das Haus unserer Vorpächterin gestanden hatte, hatte sich ein Teppich aus Schwarzem Nachtschatten ausgebreitet. Leider handelt es sich nicht um die niedlichen, schüchternen Fabelwesen aus *Drachen zähmen leicht gemacht*, sondern um eine Pflanze, die ähnlich wie Kartoffeln oder Tomaten sehr viel Solanin speichert. Die Beeren können für Kinder und ältere Menschen giftig sein. Für Hühner übrigens auch – die Pflanze ist daher auch als »Hühnertod« bekannt. Das allein qualifizierte sie für uns als Unkraut. Zumal wir ungefähr an der Stelle des Nachtschatten-Teppichs unsere Hütte errichten wollten. Und so machte sich Florian daran, die Plantage Stück für Stück auszurupfen. Eigentlich keine große Sache. Nur: Wir hatten den Garten im September übernommen, die Pflanzen hatten schön reichlich reife Beeren produziert, die beim Herausreißen auf den Boden fielen – egal, wie vorsichtig wir auch vorgingen. Da wir noch nicht einschätzen konnten, wo genau unsere Gartenhütte stehen sollte, wurden wir leicht panisch. Einen Vorgarten aus Giftpflanzen wollten wir dann doch nicht. Deshalb rupften wir nicht nur das wuchernde Grün heraus, sondern klaubten auch die kleinen schwarzen Beeren aus dem Sand. Ob Drachen zu zähmen wohl genauso anstrengend ist?!

»Da habt ihr euch aber ein ganz schönes Stück Arbeit aufgehalst!« – rief unsere Nachbarin linker Hand, Helga, schmunzelnd über den Zaun. »Das gibt ordentlich

Muskeln, was?« Ganz ähnlich verliefen unsere ersten offiziellen Begegnungen mit den anderen Nachbarn. Sie bedachten uns mit teils bewundernden, teils mitleidigen Blicken, prophezeiten uns einen Haufen Arbeit und teilten großzügig Geschichten aus der Zeit »als wir noch jung waren«.

Vier Kleingärten grenzen direkt an unser Stückle, wie man in Florians Heimat sagt. Einer befindet sich vis-à-vis. Als wir unseren Garten übernahmen, lebten drei Parteien fest auf ihren Parzellen. Dauerbewohner nennt man sie offiziell. Sie selbst betiteln sich auch als »Winterschreber«. Und lächeln gern mal über die »Sommerschreber«. Denn die Dauerbewohner haben in den Fünfzigerjahren nicht einfach nur ein Stückchen Land mit fertigem Häuschen darauf übernommen, sondern die ihnen zugeteilten Lauben – auf Beamtendeutsch »Behelfsheim« genannt – erst zu dem Zuhause ausgebaut, das es heute für sie ist. Oft mit Material, das halt da war. Der Mann unserer Nachbarin zur Rechten war Vorarbeiter. Wenn Holz oder Steine auf einer Baustelle übrig waren, hieß es anpacken und alles schnell in die Kolonie verfrachten. »So haben wir unser Wohnzimmer mit Wintergarten gebaut«, erinnerte sich die Nachbarin zur Rechten, Christa. Nicht immer waren die An- und Umbauten ganz legal. »Bauamt und was nicht alles, pfff«, plauderte Alfred, Helgas Mann, aus, »wo sollte ich denn hin mit unseren vier Jungs?!« Die Genehmigungen gab es dann Jahre später – »Bestandsschutz«.

Wir ließen uns von dem Pioniergeist der Dauerbewohner anstecken und rückten nach dem Nachtschatten dem Efeu zu Leibe. Dabei erfuhren wir zum ersten Mal, wie des einen Gärtners Freud eines anderen Gärtners Leid sein kann. Efeu ist uns bekannt als nette und nachhaltige Art, eine Schuppenwand zu begrünen. Und als Grün-Lieferant für Kränze, Gestecke und andere Blumendeko. Meine Mutter, die traditionell zu Ostern, zum Herbstbeginn und zur Adventszeit Gestecke und Kränze an Familie und Freunde verschenkt, wähnte sich auf unserem Stückle im Paradies.

Wir verfluchten die Schlingpflanze dagegen schnell als Teufelszeug. Denn der Efeu hatte in der Zeit, in der die Parzelle brachlag, die unangefochtene Herrschaft über den Garten übernommen, sich in sämtliche Sträucher und Hecken eingeflochten, den Rasen durchdrungen und die Blumenbeete gekapert. Zogen wir an einer Ranke an einem Ende des Gartens, mussten wir uns nicht selten einmal komplett über die gesamte Parzelle arbeiten, um der Quelle des Übeltäters auf die Spur zu kommen. Ein Gutes hatte der Kampf gegen den Efeu: Wir hatten gar keine Zeit, uns über andere Pflanzen den Kopf zu zerbrechen. Denn obwohl wir nicht alle Bäume und Sträucher toll fanden, erfüllten sie doch einige wichtige Funktionen, die wir erst im Verlauf des ersten Gartenjahres zu schätzen lernten.

## Zweite Chance für Omas liebste Sträucher

Gerade bei mir sparken »Oma-Pflanzen« kein bisschen Joy. In unserem Garten wachsen aber mehrere Forsythien, Azaleen und Rhododendren, diverse Eiben, eine Thuja-Hecke und noch ein paar weitere Nadelbäumchen. Was uns daran stört: Die Nadeln und Blätter wirken oft wenig organisch. Auf dem Kompost braucht der Strauchschnitt ewig, um zu verrotten. Für Bienen und andere Bewohner liefern die Pflanzen kaum Wertvolles. Alles Dinge, die uns für unseren Kleingarten eigentlich wichtig sind. Allerdings haben die zunächst so ungeliebten Sträucher auch nette Eigenschaften.

Die Forsythien etwa bescheren uns mit ihren gelben Blüten früh im Jahr schon sehnsüchtig erwartete Farbkleckse. Sie kündigen den Frühling an, eine Tatsache, die gerade uns als Neu-Kleingärtnernden sehr hilft, das Gartenjahr und damit die als Nächstes anstehenden Aufgaben zu planen.

Die Rhododendren blühen ebenfalls relativ früh und locken, anders als gedacht, Bienen und Hummeln an. Später im Jahr spenden die immergrünen Büsche dem darunterliegenden Boden Schatten und sorgen so für Artenvielfalt auf unserem Stückle, auf das sonst die Sonne ungehindert herunterbrennt.

Die Eiben entpuppten sich als bevorzugte Nistplätze für Vögel, an den Ästen lassen sich Meisenknödel und anderes Vogelfutter perfekt aufhängen. Auch die Thuja-Hecke überraschte uns – nämlich als Windschutz und Schattenspender. Wir lernten die Hecke im ersten Gartenjahr wirklich zu schätzen, denn wenn die Sonne schien, knallte sie geradezu auf uns herab. Als wir noch keine Gartenhütte hatten und weil der Garten sonst über wenig bis keine hochgewachsenen Sträucher verfügte, fanden wir uns gerade in der Mittagszeit immer vor der Hecke wieder. Auch unsere Rucksäcke mit Proviant und Getränken stellten wir dort ab, damit uns Käsebrot und Co. nicht entgegenliefen. Als wir uns einen Grill kauften, war sofort klar, wo dieser stehen sollte. Windgeschützt vor der Hecke – selbstverständlich in funkensicherem Abstand.

Dass wir kaum Schatten im Garten hatten, war im ersten Gartenjahr schnell kein Problem mehr, denn nach einem vielversprechenden Frühjahr schlug der Hamburger Sommer voll durch – die meisten Projekte setzten wir in strömendem Regen um. Nicht selten wünschten wir uns einen Unterstand oder einfach nur einen Baum mit ausladenden Ästen als Regenschutz. Warum wir keine großen Bäume im Garten haben? Das hängt mit einer von uns eher ungeliebten Regelung in der Hamburger Kleingartensatzung zusammen. Höher als fünf Meter dürfen Bäume und Sträucher, die wir neu pflanzen, nicht werden. Ein richtiger Apfelbaum oder andere Obstbäume sind so leider nicht drin. Die Halb- und Viertelstämme, die wir gesetzt haben, werden uns zwar hoffentlich irgendwann Obst liefern – Wind- und Wetterschutz können wir von den Bäumen aber nicht erwarten.

Bereits auf den Parzellen stehende Bäume, die größer gewachsen sind, werden toleriert, manche sogar von der Stadt als wertvoller Bestand für schützenswert erklärt. Ein Blick auf Google Maps verriet uns, dass sich einmal mitten in unserem Garten ein großer Obstbaum befunden hatte. Eine Pflaume, wie uns Nachbarin Christa bestätigte. Neben dem Haus unserer Vorpächterin fiel auch der Baum den Abrissbaggern zum Opfer. Er hatte wohl im Weg gestanden und so den Ablauf der Arbeiten gestört.

## Das geheime Wissen der Pflanzen

Neben den Bäumen und Sträuchern, die auf der Parzelle stehen, lohnt sich einmal ein Blick auf sogenannte Zeigerpflanzen. Bei vielen Kleingärtnernden als Unkraut verschrien, verraten Ampfer, Wilde Möhre und Hahnenfuß nämlich relativ viel über die Bodenqualität. Wer wie wir viele Brennnesseln, reichlich Melde und Vogelmiere sowie Giersch im Garten hat, hat erst einmal viel Arbeit, kann sich aber auch glücklich schätzen, denn die Pflanzen zeugen von einem stickstoffreichen Boden. Aber auch Probleme mit dem Erdreich können sogenannte Zeigerpflanzen entlarven. Ist nur wenig Stickstoff enthalten, fühlen sich das Ackerfuchsschwanz-Gras, Hornklee oder eben die Wilde Möhre sehr wohl. Bei uns waren diese Pflanzen logischerweise nicht vorhanden – außer ein paar vereinzelte Hornklee-Exemplare an dem Ort, an dem früher das Haus unserer Vorpächterin gestanden hatte. Das konnten wir gerade noch verknusen. Der Boden musste an dieser Stelle nicht fruchtbar sein, denn hier wollten wir schließlich nur eine Terrasse und Wege anlegen.

Wiesen, die mit Ampfer und Wiesenschaumkraut überwuchert sind, weisen meist auf Staunässe hin. Bei uns ebenfalls kein Problem – wir haben es eher mit einem trockenen, stark staubenden Erdreich zu tun. An manchen Stellen wirkt es wie schwarzer Sand, sehr eigentümlich. Zeigerpflanzen für Trockenheit im Boden gibt es auch: Färberkamille etwa, der kleine Storchschnabel und sein großer Bruder, der Reiherschnabel. Leider keine Fabelwesen, sondern durchaus bei uns auf der Parzelle zu Hause. Welche Pflanzen sich bei uns leider auch viel zu wohl fühlen: Ackerkratzdistel, Breitwegerich, Mädesüß und Ackerschachtelhalm. Diese weisen auf einen stark verdichteten Boden hin. Allerdings tauchten sie bei uns meist nur um die Gartenhütte, an den Zäunen, den Hecken und am Wegesrand auf. Solange hier keine Sträucher oder andere Pflanzen wachsen und uns reiche Ernten bescheren sollen, dachten wir, können wir mit einem teilweise zu dichten Boden ganz gut leben. Wir hatten schließlich ganz andere Baustellen und To-dos in unserem Kleingarten!

Bei der Lektüre von diversen Gartenratgebern in Form von Blogs, Online-Magazinen und Büchern sowie mithilfe unserer Pflanzenbestimmungs-App haben wir diese Übersicht zusammengetragen:

## *Zeigerpflanzen*

**… für einen sauren Boden**

- Kleiner Sauerampfer
- Ackerminze
- Hasenklee
- Schmalblättriges Weidenröschen

**… für einen stickstoffreichen Boden**

- Brennnessel
- Melde
- Vogelmiere
- Giersch
- Franzosenkraut

- Kletten-Labkraut
- Kohl-Gänsedistel
- Garten-Wolfsmilch
- Hirtentäschel
- Persischer Ehrenpreis
- Weißer Gänsefuß

**… für einen stickstoffarmen Boden**

- Wilde Möhre
- Acker-Fuchsschwanz
- Mauerpfeffer
- Breitblättriger Hohlzahn
- Rauhaarige Wicke
- Wiesen-Hornklee

**… für einen Boden mit Staunässe**

- Ampfer
- Kohl-Kratzdistel
- Wiesenschaumkraut

**… für einen trockenen Boden**

- Sommer-Adonisröschen
- Kleiner Storchschnabel
- Reiherschnabel

**… für einen verdichteten Boden**

- Mädesüß
- Ackerschachtelhalm
- Ackerminze
- Huflattich
- Ackerkratzdistel

- Kriechender Hahnenfuß
- Quecke
- Gänsefingerkraut
- Breitwegerich

**Achtung: Keine Garantie für Vollständigkeit!**

Nach der Nachtschatten- und Efeu-Beseitigung wagten wir uns ein erstes Mal an unseren Rasen. Oder vielmehr an den Filz, der mal ein Rasen gewesen war. Beim Mähen kamen wir ganz schön ins Schwitzen. Und das, obwohl wir uns beim Vereinsvorstand einen relativ kraftvollen Rasenmäher ausgeliehen hatten. Der ist so schwer, dass ich ihn nicht allein gewendet bekomme. Gemeinsam mit der Maschine kämpften wir uns zweimal über die Rasenfläche und wussten danach, was das erste To-do für den Frühling sein würde: das Projekt »Rasenverschönerung«.

Weiter ging es in der Bestandsaufnahme. Mehr als zweieinhalb Blumenbeete und die Sträucher und Büsche hatte unser Kleingarten pflanzentechnisch leider nicht zu bieten. Moment, doch! Eine Fläche mit seltsamen rotgrünen Strünken und welken Blättern. Unsere Pflanzenbestimmungs-App verriet: Rhabarber. Der zieht seine Blätter vor dem Winter nahezu vollständig ein. Wir konnten trotzdem erahnen, dass die Pflanzen ziemlich groß sind – ein richtiger Gartenschatz, den wir jahrein, jahraus auch immer wieder heben und als »Zahlungsmittel« im Garten nutzen. Unsere Nachbarn freuen sich immer über ein paar frische Stangen, über Kompott oder Marmelade. Ideal, um sich für den einen oder anderen Gefallen zu revanchieren.

## Schritt für Schritt zum Bauerngarten

Abgesehen von der Rhabarberpracht begannen wir mit unserem Stückle bei null. Für uns perfekt! So konnten wir mit einer Mischkultur nach dem Prinzip der Fruchtfolge beginnen, wie sie in unseren heiß geliebten Gartenbüchern steht. Dazu unterteilt man die Gemüsesorten, die man anbauen möchte, in Stark-, Mittel- und Schwachzehrer. Die Idee: In Jahr eins wachsen in Beet eins Starkzehrer. Diese ziehen dann im kommenden Jahr auf ein Beet um, in dem man in Jahr eins Schwachzehrer oder Gründünger angepflanzt hatte. So laugt der Boden nicht zu sehr aus, größere Aktionen wie das Austauschen von Erde oder auch das intensive Düngen fallen, wenn überhaupt, nur alle vier Jahre an. Das Konzept nennt man auch Vierfelderwirtschaft. Gute Nachbarn zusammen anzupflanzen und schlechte Nachbarn voneinander fernzuhalten, also eine gut durchdachte Mischkultur zu verfolgen, begünstigt gute Ernten und schont den Boden einmal mehr. Das ist stets eins unserer Ziele: Möglichst im Einklang mit der Natur zu gärtnern und dabei den Vorgaben des traditionellen Bauerngartens zu folgen. Inspiriert haben uns Gartenmagazine, die wir schon vor dem Start unserer Kleingartenkarriere bei unseren Müttern studiert hatten. Britische Gartensendungen und nicht zuletzt Pinterest taten dazu ihr Übriges.

Das Prinzip der Bauerngärten lässt sich am besten mit geordnetem Chaos beschreiben: Hier wachsen Gemüse-, Kräuter-, Obst- und Zierpflanzen nebeneinander, sodass im Idealfall das ganze Jahr über etwas blüht oder erntereif ist. Die Eigenschaften der Pflanzen ergänzen sich, manche sind dafür da, Insekten anzulocken, andere dafür, Schädlinge abzuschrecken. Wiederum andere lockern den Boden auf oder reichern ihn mit Stickstoff an, während weitere Exemplare einfach nur als Nahrung für die Gärtnernden dienen.

Bauerngärten sind in der Regel sehr geordnet angelegt. Die gleich großen Beete gehen von einem Weg ab, der Garten ergibt insgesamt von oben gesehen ein Rechteck. Die Beetumrandungen sowie die Wege werden aus natürlichen Materialien geschaffen. Oft sieht man Buchspflänzchen oder auch Weiden- oder Haselnussstecken als Beeteinfassungen. Wege werden mit Schotter, Sand oder auch Holzschnitz ausgelegt. In einen Bauerngarten gehören darüber hinaus alte Sorten – und wunderschöne traditionelle Sommerblumen und Stauden wie Sonnenhut, Pfingstrosen, Löwenmäulchen und Cosmeen. Wir möchten mit unserem Bauerngarten mitten in der Stadt ein Statement setzen gegen die oft so glatt gebügelt wirkenden Kleingärten mit dem perfekten Rasen, den immergrünen Nadelbäumen und den Pelargonienampeln. Wir möchten außerdem mit alten Sorten herumexperimentieren und gleichzeitig für Bienen und andere Gartenbewohner – und nicht zuletzt uns! – kleine Oasen schaffen. Das alles natürlich in einem Rahmen, der in einem Kleingartenverein toleriert wird. Das Prinzip und nicht zuletzt die Symmetrie eines Bauerngartens erscheinen uns dafür perfekt.

Deshalb legten wir nicht lange nach der Gartenübernahme unsere ersten Beete an. Wir entschieden uns für vier gleich große Beete mit den Maßen 2,5 mal 5 Meter. Wobei es eigentlich nur drei gleich große Beete und ein

Beet plus Rhabarber sind. Ursprünglich planten wir, die Rhabarber-Pflanzen in eins der Beete umzusetzen. Ein erstes Testbuddeln um eine der kleineren Pflanzen ließ uns ernüchtern – und Florian ziemlich fluchen. »Was ist denn das für ein Oschi?!«, fragte er, nachdem er sich eine halbe Stunde lang abgemüht hatte, den Rand der Pflanze abzustechen. Selbst mit Spaten und Schaufel gleichzeitig ließ sich der kleine Koloss nicht heben, zu tief reichte das Wurzelwerk, zu schwer war die Pflanze. Wir beschlossen, das Umsetzen des Rhabarbers erst einmal zu vertagen. »Vielleicht geht's, wenn wir mal einen kleinen Bagger mieten«, überlegte Florian. Wir gingen das Problem pragmatisch an und verlängerten einfach Beet Nummer vier. Das ist nun ein Rhabarber-, Erdbeer-, Johannisbeer- und Himbeerbeet. Diese Pflanzen bleiben nach dem Prinzip der Fruchtfolge nämlich stehen und rotieren nicht mit.

Vom Beet mit den Obststräuchern und den Rhabarbergiganten aus maßen wir dann die restlichen drei Beete ab. Zwei sollten auf der einen Seite des Weges liegen, zwei auf der anderen Seite, am besten im selben Abstand. Die Bezeichnung »Weg« ist an dieser Stelle noch übertrieben. Eigentlich war es ein Trampelpfad, der bei Sonnenschein ordentlich staubte und für schwarze Füße sorgte. Und bei Regen schön glitschig wurde, sodass unser Gang durch den Garten regelmäßig zu einer Rutschpartie mit unfreiwilligen Ausfallschritten geriet. Wir maßen ganz vorbildlich und steckten mit Ästen und Paketschnur die späteren Beetumrandungen ab. Ganz gleichmäßig konnten wir nicht arbeiten, denn ein Baumstumpf – die Pflaume! – und ein riesiger Farn, der quasi daran klebte, machten uns einen Strich durch die Rechnung. Fein für uns, zu perfekt wäre ja auch langweilig. Wir hielten uns also nicht weiter mit den Beetabmessungen auf, sondern stürzten uns direkt ins nächste Abenteuer: das Umgraben der Beetflächen. Inzwischen sind wir viel schlauer geworden und brechen die Grasnarbe nicht mehr um. Das hat diverse Gründe.

## Nie wieder umgraben!

Erstens: Umgraben ist irre anstrengend. Vor allem, wenn der Rasen seit Jahren nicht gelüftet oder vertikutiert wurde, so wie auf unserer Parzelle der Fall. Die ersten Reihen ließen sich noch ganz locker umbrechen, doch je weiter wir pro Beet vordrangen und je stärker uns Kräfte und Motivation verließen, desto mehr fühlte sich das Ganze nach Knochenarbeit und Gartenpflichten aus Teenager-Tagen an. Die diversen Gräser, die in unserem Rasen wuchsen, waren dermaßen verwurzelt, dass wir mit einem Spatenstich entweder nur Ministückchen oder direkt riesige Schollen lostraten. Diese ließen sich kaum wenden. Wir mussten sie erst mühsam zerstechen, um sie heben zu können. Das kostete enorm viel Kraft.

Dazu kam, dass sich unser Gartenverein auf einer ehemaligen Schutthalde befindet. Nicht nur dort, wo mal das Haus unserer Vorpächterin gestanden hatte, lagen Steine, Scherben und anderer Schutt. Auch auf der Fläche, die später unser Bauerngarten werden sollte, befanden sich reichlich »Bodenschätze«. Halb verrottete Bleche, Glasflaschen, Porzellan-Bruch, dazu Schlacke in den verrücktesten Formen. Das alles hielt uns beim Umgraben auf. Die Schlacke steckte oft so verdreht und verkeilt im Boden, dass wir richtig ins Schwitzen gerieten. Neben dem schwarzen Gold, also dem Erdboden, den wir aufbrachen, wuchs ein Abraum-Hügel. Und unsere Muskelberge – gefühlt jedenfalls. Nach der Umgrabe-Action waren wir ziemlich durch. Immerhin: Im Boden tummelten sich fette Regenwürmer und andere Nützlinge. Jackpot!

Und gleichzeitig Grund Nummer zwei, weshalb wir unseren Boden inzwischen in Ruhe lassen. Denn unter der Grasnarbe frönen die fleißigen Helferlein ihrem nicen Life. Mit jedem Spatenstich, mit jeder Scholle, die wir umbrechen, zerren wir die Dunkelheitsliebhaber ins Helle und stören sie bei ihrem sehr wichtigen Job: aus Humus und Pflanzenresten schöne, fette Erde für unsere Beete zaubern. Und bringen so die Ordnung, die sich Regenwürmer, Bakterien, Pilze und wer sich noch alles in der obersten Erdschicht versteckt, geschaffen haben, tüchtig durcheinander.

Grund Nummer drei, warum wir unseren Erdboden inzwischen nicht mehr umgraben: Im zweiten Gartenjahr stellten wir fest, dass wir eine sehr hohe Schwermetallbelastung im Garten haben. Dazu später mehr. Nur so viel an dieser Stelle: Schwermetalle entfernt man aus dem Garten, indem man die betroffenen Flächen großzügig auskoffert. Oder man lässt Gras über die Sache wachsen und bringt die Metalle wie Blei, Cadmium und Co. gar nicht erst in Bewegung. Umgraben wirbelt die Metalle auf und sorgt dafür, dass sie sich an den Menschen mit den Spaten sowie an der Erdoberfläche absetzen. Von wo aus sie dann in Gemüse, Kräuter, Obst und damit schlussendlich in die gärtnernden Menschen gelangen.

Anstatt den Boden rabiat aufzubrechen, wenden wir inzwischen die No-dig-Methode von Charles Dowding an: Wir stecken die Fläche ab, die später ein Beet werden soll. Darauf legen wir Pappe aus, zum Beispiel von großen Versandkartons. Achtung, Klammern und Klebestreifen vorher entfernen! Eine Plane tut es auch. Pappe oder Plane decken wir dann mit Brettern ab und beschweren diese anschließend mit Steinen. Wer das Glück hat, sehr viel Kompost im Garten zu haben, kann auch einfach eine großzügige Schicht auf der gewünschten Beetfläche verteilen. Hauptsache, das Areal sieht erst einmal keine Sonne mehr. Dann lassen wir den Zahn der Zeit wirken. Durch die Dunkelheit sterben die darauf wachsenden Gräser und andere Pflanzen ab. Regenwürmer und andere Helferlein tun ihr Übriges und tragen von unten die Pflanzenreste ab. Nach zwei bis drei Monaten entfernen wir die Abdeckung – und siehe da, es lacht uns das schwarze Gold an! Manchmal müssen noch hartnäckige Wurzeln, etwa von Efeu oder Ackerwinde, aus der Fläche geharkt werden. Das wäre dann aber schon der anstrengendste Part. Abgesehen davon lassen wir einfach die Natur nebst den Nützlingen, die ihrem Namen alle Ehre machen, ihr Ding durchziehen. »Do-nothing-Farming« nennt man die Methode auch. Gärtnern nach dem Nichtstun-Prinzip also … Argh! Schön wär's!

# Der Häcksler kommt!

Der normale Sommerschreber verabschiedet sich meist Ende Oktober in den Winterschlaf, nämlich dann, wenn die Uhren um- und das Wasser im Garten abgestellt werden. Wir gingen stattdessen ein weiteres Projekt an. Wir hatten noch nicht entschieden, welche Art von Weg wir auf unserer Parzelle verlegen wollten. Damit wir auch ohne befestigten Pfad durch den Garten gelangen würden, ohne zu stolpern und ohne bei Regen ständig auszurutschen, wollten wir zunächst die Wege mit Häckselgut ausstreuen. Einen weiteren Vorteil hatte das Auslegen der Wege mit Rindenmulch und Co. Das Material verdrängte Gras und anderes Grün und sparte uns so Zeit, als es ans Verlegen des richtigen Weges ging. Statt Grassoden auszustechen und andere ungebetene Pflanzen mühsam entfernen zu müssen, konnten wir einfach und schnell das Häckselgut beiseiteharken, Sand verteilen und Platten direkt drauflegen. So der Plan. Doch zunächst einmal musste so viel Häckselgut her, wie wir für die Wege benötigten.

Hier bekamen wir eine erste Ahnung davon, wie viel Arbeit unser Stückle so mit sich bringen würde. Denn wer eine große Grünfläche bewirtschaftet, hat auch weite Wege. Und braucht entsprechend viel Material.

Eine Möglichkeit, an das Material zu kommen, wäre ein Auto zu leihen und es schnell im Baumarkt zu besorgen. Aus unserer Sicht sprach vor allem eins dagegen: der Müll. Dazu kam noch die Menge. So viel, wie wir brauchten, wäre vermutlich in einem Baumarkt nicht vorrätig gewesen – wir hätten also quer durch die Stadt mehrere Baumärkte abklappern müssen. Uns wurde klar: Mit in Tüten verpacktem Rindenmulch oder Holzhackschnitz kommen wir nicht weit. Häckselgut vom Baustoffhandel liefern zu lassen ist möglich – aber für Privatabnehmer wie uns unwahrscheinlich teuer. Die Lkw-Fahrt allein hätte über 100 Euro gekostet. Abladeort wäre außerdem die Straße zu unserem Kleingartenverein gewesen. Von dort sind es locker noch einmal 800 Meter bis zu unserer Gartenpforte. Eine Lieferung bis zur Pforte oder zumindest den Parkplatz davor hätte natürlich extra gekostet. Der Wunschtermin, an dem man sich ein Zeitfenster frei halten kann, treibt den Preis zusätzlich in die Höhe.

Wir fragten unseren Vereinsvorstand um Rat. »Kein Problem, Leute«, sagte Walter. »Der Häcksler kommt bald«. Und so standen wir an einem Samstag Anfang November bei kuscheligen minus vier Grad im Garten und warteten auf den Häcksler. In den Wochen zuvor hatten wir unsere Mit-Kleingärtnernden dabei beobachtet, wie sie Schubkarren und Arme voller Grünschnitt an die ausgewiesenen Plätze schleppten. An denen schob sich nun nach und nach ein Lkw vorbei. Auf der Ladefläche ein Greifarm, der das Schnittgut vom Boden hochhievte, sowie ein riesiger Häcksler, der den Holzschnitt direkt auf eine zweite Ladefläche pustete. Wir hatten zwar gar keinen Baum- und Strauchschnitt beigesteuert, durften uns aber trotzdem ein paar Kubik des geschredderten Holzes abzapfen. Gegen die Menge, die am Ende des Tages auf dem Lkw lag, wirkte unser fünf Kubikmeter großes Häufchen richtig mickrig.

Wenn man zu zweit so ein Häufchen abträgt und Schubkarre um Schubkarre in den Garten karrt, ist es dann aber doch gar nicht mehr so klein. Die Arme wurden lang und länger, die Beine schnell müde – besonders bei der Kälte. Zwar strahlte die Sonne, und wir hatten uns mit Skiunterwäsche und heißen Getränken gegen die Kälte gewappnet. Nach zwei bis drei Stunden waren wir trotzdem ziemlich am Ende. Der Haufen leider noch lange nicht.

Ein Lichtblick: Heike, Mitglied des Vereinsvorstands, streckte ihren blonden Schopf über die Hecke. »Klopf, klopf«, sagte sie und lachte. Wir begrüßten sie freudig, ein bisschen Abwechslung kam uns gelegen. »Na? Ganz schön kalt, oder?«, fragte sie. Heike brachte Kuchen vorbei – sie hatte für die Helfer gebacken, die hinter dem Lkw aufräumten. »Wollt ihr auch 'nen Kaffee? Ist noch welcher übrig!« Sie füllte unsere Thermosbecher auf und lobte unseren Einsatz. »Was ihr hier schon geschafft habt in den letzten Wochen. Da kriegt man richtig Lust, selbst wieder mehr zu machen. Hab ich neulich erst zu meinem Michael gesagt!«, berichtete sie und lachte wieder. Ob es am Zuckerrausch oder an ihren lieben Worten lag … Wir waren jetzt in jedem Fall wieder »back on track« und schafften es bis zur Dämmerung, den Haufen auf den Wegen durch den Garten zu verteilen.

## Erste Beete

Nach der Häcksel-Schlepperei gönnten wir uns ein wenig Pause – jedenfalls von der körperlichen Gartenarbeit. Zu Hause schmiedeten wir im Dezember und Januar erste Gartenpläne, bestellten Saatgut und überlegten ganz konkret, was auf welchem Beet wachsen sollte.

Dafür tauchten wir ein in diverse Bücher und Blogs, legten dann eine Google-Tabelle an und schoben die Gemüsesorten, Salate und Kräuter hin und her – mit Farbkonzept: Wann soll was auf der Fensterbank angezogen werden? Wann steht die Aussaat draußen an? Wann ist welches Gemüse reif zur Ernte? Wann starten wir auf welchem Beet mit der zweiten Aussaat? Was darf auf keinen Fall hintereinander angepflanzt werden, um Schädlingen vorzubeugen?

Als wir die Planung beendet hatten, belohnten wir uns mit ausgiebigem Onlineshopping. Von Saatgut und Pflanzkartoffeln. Seit Übernahme unseres Kleingartens stehen sehr viel öfter Baumärkte, Gartencenter und Saatgut-Händler auf unseren Karten-Abrechnungen als alles andere. Vorbei sind die Zeiten, in denen wir unser Geld zum Mode- oder Möbelschweden trugen. Dazu aber an anderer Stelle mehr.

Kleiner Spoiler: Trotz der ganzen Planung und Vorbereitung ging uns im ersten Gartenjahr einiges schief. Und wir waren froh, dass wir unseren Gartenplan digital angelegt hatten, denn das Wetter und auch unser Boden verhielten sich nicht nach Gartenbau-Lehrbuch – manche Gemüse gediehen sehr gut, andere gar nicht, wieder andere kümmerten wochenlang vor sich hin. Das Ernten und damit auch das Nachsäen klappten nicht nach Plan. Und so schoben wir mehrmals noch alles hin und her und einiges auch aufs zweite Jahr. Zu viel war los im Garten, das wichtiger schien als die zweite Aussaat von Spinat und Erbsen.

Im Februar unseres ersten »richtigen« Gartenjahres hielt uns dann nichts mehr drin. Wir verbrachten jedes

Wochenende auf unserem Stückle und bauten unsere Beete. Wieder so ein Großprojekt – wobei wir am Ende insgesamt nur etwa zwei Tage Zeit dafür hatten. Zunächst hieß es, die Hölzer zu besorgen und zuzusägen. Zu Beginn unserer Kleingartenkarriere gärtnerten und werkelten wir eher nach dem Motto »Head over Heels«, sprich: Wir wollten endlich loslegen! Deshalb nutzten wir erst einmal das Werkzeug, das wir hatten, plus das, was wir von unseren Gartennachbarn ausleihen durften. So kam es, dass wir die Bretter für unsere ersten drei Beete von Hand sägten. Das vierte Beet blieb ohne Einfassung – die Rhabarberpflanzen waren einfach zu massiv. Die Einfassung auf den Rhabarber zuzuschneiden, kam auch nicht infrage: Das hätte nämlich ausgesehen wie ein Labyrinth oder so. Die drei Beete, die übrig blieben, waren aber auch Arbeit genug.

Zum Glück waren es pro Einfassung nur vier Hölzer, die wir mit unserer Man- und Woman-Power kürzen mussten. Und immerhin hatten wir eine sehr scharfe Japansäge zur Verfügung – ein Weihnachtsgeschenk von einem meiner Brüder. Einen Akkuschrauber hatten wir uns von unserem Kumpel ausgeborgt, der gab nach vier oder fünf Schrauben den Geist auf. Der Schrauber, nicht der Kumpel. Der vergnügte sich im Skiurlaub, den wir in diesem Jahr des Gartens wegen ausfallen ließen. Zum Glück war unser Nachbar Friedrich zu Hause und half uns mit seinem Akkuschrauber aus.

Wir zimmerten die Beete ziemlich grob zusammen. Nämlich indem wir jeweils zwei Bretter übereinander auf Reststücke der zugesägten Hölzer schraubten. Unten an den Resthölzern ließen wir etwas Luft, sodass wir die

Beetumrandungen später etwas in den Boden treiben konnten. Für die langen Seiten montierten wir mittig ein weiteres Stück Holz. Dort trafen insgesamt vier Bretter aufeinander, und wir erhielten pro Beet zwei kurze und zwei lange Teile. Diese erinnerten stark an die Zäune, die es bei Lego oder Playmobil gibt – haben uns aber über zwei Gartensaisons lang treue Dienste geleistet.

Unsere Spielzeug-Beet-Teile setzten wir dann Stück für Stück zusammen. Und zwar um die Beete, die wir im Herbst so mühsam umgegraben hatten. Jetzt zahlte sich aus, dass wir halbwegs ordentlich ausgemessen hatten. Nur an ein paar kleinen Stellen mussten wir nachbuddeln und die Beete etwas begradigen. Abgesehen davon passten die Umrandungen aber ziemlich perfekt auf unsere Ausgrabungsstätten. Damit die Beeteinfassungen stabil standen, versenkten wir die Verbindungshölzer mit einem Hammer im Boden, bevor wir die Einzelteile miteinander verschraubten.

Am Ende ragten die Beete etwa 25 Zentimeter hoch über die Erde, womit sie eigentlich relativ niedrig waren. Nicht aber, wenn man jede einzelne Krume Erde per Schubkarre dorthin bringen musste.

## Schaufeln und schieben, schieben und schaufeln

Denn was nach dem Bau der Beeteinfassungen folgte, war ein ähnlich kraftraubendes Prozedere wie das Schippen und Karren des Häckselguts. Schon bei der Vertragsunterzeichnung versprach uns Vereinsvorstand Walter nämlich Mutterboden umsonst, angeschafft und angeliefert auf Kosten des Landesgartenverbands – und dadurch quasi der Heilige Gral der Hamburger Kleingärtnernden. Warum uns die Erde zustand? Wann immer eine Parzelle mit Behelfsheim dem Erdboden gleichgemacht wird, gibt es als Entschädigung besagten Mutterboden. Vermutlich als Ausgleich dafür, dass der Boden durch die Abrissbagger dermaßen verdichtet wird, dass in den ersten Gartenjahren kaum etwas wachsen würde. Wir jedenfalls freuten uns über die Erdspende. Nicht ahnend, wie viel Arbeit das Umsetzen des Erdhaufens wieder einmal mit sich bringen würde! Die Herausforderung: Unser Kleingarten liegt nicht direkt an einem der Hauptwege durch die Kolonie, sondern an einem Stich. Eigentlich eine tolle Sache – es gehen nur Menschen vorbei, die sich im Verein auskennen und den Weg an unserem Gartentor als Abkürzung nutzen. Oder gezielt zu uns oder den Nachbarn gegenüber wollen.

Von allzu vielen Passanten und ihren allzu neugierigen Blicken sind wir also geschützt. Der ganz große Nachteil an der versteckten Lage unseres Gartens: Wenn wir etwas anliefern lassen wollen, fahren es Baumarkt oder Spedition nur bis zum nächsten Parkplatz. Wenn überhaupt – viele liefern ja nur wie bereits erwähnt bis an den Hauptweg heran. Bedeutet für uns 20 Meter längere Wege als bei einer Lieferung an die Gartenpforte. Klingt eigentlich machbar. Wenn man aber wie wir zehn Kubikmeter Mutterboden von A nach B transportieren muss, freut man sich über jeden Meter, den man spart. Unser Nachbar hat's ausgerechnet: Etwa 170 Schubkarren mit einem Leichtgewicht von etwa 75 Kilo bewegten wir an einem Wochenende von besagtem Parkplatz zu unseren Beeten. Wie froh wir waren, dass wir unseren Bauerngarten nur wenige Meter hinter der Hecke angelegt hatten – mit dem Ratschlag des Wartelisten-Gartenvorstands im Ohr. Wer klug kleingärtnern will, zeigt, was er/sie hat und anbaut. Denn alles, was hinter den Beeten passiert, ist dann erst einmal zweitrangig.

Wir schaufelten und schoben und schaufelten und schoben. Minütlich grüßt das Murmeltier! Was sich nur nach Fleißarbeit anhört, ist ein schweißtreibendes Ganzkörper-Training. Was wir bis dahin nicht gewusst hatten: Mutterboden ist keine fein gesiebte Erde, wie man sie im Baumarkt säckeweise kauft. Sondern sehr humusreich und feucht und dadurch sehr schwer. Dagegen schien uns das Häckselgut-Gefahre aus dem Winter wie ein Spaziergang. Nach Tag eins waren wir eigentlich schon gut bedient. Das Aufstehen an Tag zwei fiel uns dementsprechend schwer. Auch fies ist es, mit Blasen an den Händen in die harten Gartenhandschuhe zu schlüpfen. Ahhh, das brennt! Wobei wir feststellten: Sobald die ersten zwei bis drei Schubkarren geschaufelt und geschoben sind, geht's. Immerhin war das Wetter sehr mild, erste Frühlingssonnenstrahlen machten die Aufgabe etwas erträglicher und lockten auch unsere Nachbarn und Mit-Schreber nach draußen, die uns immer wieder aufmunternde Worte zuriefen und zwischendrin für diverse willkommene Plausch-Pausen sorgten. Mutterboden zu schippen scheint ein Aufnahme-Ritus im Kleingarten-Verein zu sein. Als der Haufen endlich weg war, brachte Nachbar Friedrich ein paar Besen vorbei und half, die letzten Reste aufzukehren. »Das ist eine ordentliche Leistung«, sagte er anerkennend. Fanden wir auch, als wir unsere Gummiarme und -beine aufs Rad schwangen und nach Hause radelten. Von Stolz erfüllt, todesfertig und völlig verdreckt, stellten wir uns unter die Dusche. Und nickerten beim Tatort ein – was uns nicht zum letzten Mal passierte!

## Frostige Begrüßung durch die Kalte Sophie

Wenig später begingen wir die ersten Anfängerfehler und legten den Grundstein für unser Prinzip des Gärtnerns: »Fail forward«. Wir schlugen all die guten Gartentipps in den Wind, säten zum ersten Mal aus und feierten unsere Premiere im Kartoffeln-Setzen. Im März alles durchaus angebracht und noch nicht die Fehlerquelle. Vom guten Wetter in die Irre geführt und, zugegeben, von den ersten Aussaaten in einen grünen Rausch befördert, setzten wir Ende März auch schon die ersten Zucchini- und Kürbispflanzen nach draußen. »Viel zu früh«, schimpfte meine Mutter schockiert. Tja, und die Pflänzchen reagierten dann auch tatsächlich mit einem Kälteschock. Als die Schönwetter-Periode von einigen frostigen Tagen und Nächten abgelöst wurde, kümmerten sie nur noch vor sich hin und streckten schließlich alle Grüne von sich. »Hab ich euch ja gleich gesagt«, kommentierte meine Mutter, als wir ihr an Ostern von unseren ersten Misserfolgen berichteten. Und hakte nach: »Jetzt wartet ihr hoffentlich bis nach der Kalten Sophie?!« Ja-ha, warten wir. Etwas anderes blieb uns mit

Schwung zwei unserer Zucchini- und Kürbispflanzen auch nicht übrig, die mussten ja erst einmal wachsen. Wir haben aber auch eingesehen, dass mit den Eisheiligen, die zwischen dem 11. und 15. Mai ihr Unwesen treiben, nicht zu spaßen ist. Nach den ersten schönen Tagen im März oder April können Kaltwetterfronten aus dem Polarkreis noch für Bodenfrost sorgen. Empfindliche Pflanzen, die in mediterranen Gefilden heimisch sind, setzt man deshalb erst nach dem 15. Mai von der Fensterbank ins Freiland. Und gewöhnt sie im besten Fall vorher an die kühleren Temperaturen. Inzwischen startet bei uns ab Ende April die Eingewöhnungszeit für unsere Anzuchten. Stundenweise wandern sie von ihrem muckeligen Plätzchen auf der innen gelegenen auf die Fensterbank draußen. Anfang Mai dürfen sie dann auch mal eine – milde! – Nacht im Freien verbringen. Wenn wir die Pflanzen dann ins Beet setzen, decken wir sie mit Vlies ab. Das schützt nicht nur vor Kälte, sondern auch vor zu viel Sonne zu Beginn.

Sonnenbrand bei Pflanzen? Was sich für uns zunächst wie ein schlechter Scherz anhört, tritt öfter ein als gedacht. Durch unsere Altbaufenster bekommen die von uns angezogenen Pflanzen ja nie direkte Sonne ab. Dann gleich die volle Dröhnung Tageslicht zu bekommen, überfordert manches Kleingrün – selbst nach der Umgewöhnungsphase. Sehr zugempfindliche Pflanzen bekommen von uns neben dem Vlies-Dach noch Kragen aus Holzwolle, Rasenschnitt oder Mulch verpasst. Übertrieben? Vielleicht. Wenn die Pflanzen dann aber wachsen, als gäb's kein Morgen mehr, ist uns das Rechtfertigung genug.

## Ohne Moos mehr los

Während unsere erste Aussaat also in den Beeten wuchs – oder eben nicht –, testeten wir unsere grünen Daumen in Sachen Rasenpflege. Unsere erste Bestandsaufnahme im Garten hatte es uns ja schon angekündigt, dass vor dem Hüttenbau noch ein weiteres Mammut-Projekt auf dem Programm stehen würde: der Rasen. Beim Mähen im Herbst ging uns auf, dass dieser etwas mehr Zuwendung brauchen würde, als ihn einmal zu stutzen. Vor allem, wenn man ihn dazu überreden wollte, seine Farbe von einem vergilbten Braunbeige in leuchtendes Grün zu verwandeln.

Dazu brauchte es zunächst einmal schweres Gerät – in Knallorange. Wir liehen übers Wochenende im Baumarkt einen monströsen Rasenmäher sowie einen Vertikutierer von ähnlichem Ausmaß aus und fuhren in Kolonne über den Rasen – ich mähte, Florian vertikutierte. Wie ein Rasenmäher funktioniert, weiß vermutlich jeder. Was uns bis dato ein Mysterium gewesen war: Was kann eigentlich ein Vertikutierer? Der rupft ungebetenes Grünzeug, in unserem Fall Moos, heraus. Als Florian die ersten Berge aus totem Rasen und Moos angehäuft hatte, leuchtete uns ein, warum man vorher den Rasen mehrmals mähen soll. Ist das Gras nämlich zu lang oder zu verfilzt, reißt der Vertikutierer einfach auch das heraus. Zurück bleiben dann fiese Löcher im Rasen – den es ja eigentlich zu erhalten gilt. Auch mies: Der Vertikutierer fördert nicht nur Moos und die Schneckennester darin zutage. Er schleudert gleichzeitig Diverses ans Tageslicht, das bis dahin im Rasen versteckt lag. Steine etwa, die sich unterm Rasenmähermesser weggeduckt hatten. Aber auch rostige Bleche und Metallstangen. Aus dem praktischen Helfer wurde auf unserem Rasen ein Panzer, der wild um sich schoss. Nachdem Florian mehrmals von Steinen getroffen worden war, ging er lieber neben dem Gerät statt dahinter und konnte so den scharfen Blechen gerade schnell genug ausweichen. Da ein Vertikutierer ganz schön Kraft hat, war das auch nötig – so ein Geschoss will man nicht im Schienbein haben. Wir ließen uns das eine Lehre sein und besorgten in der Mittagspause im Baumarkt schnell noch ein Erste-Hilfe-Set. Und Florian schaute sich nach einer Bauarbeiterhose um. Wie gesagt – unser Shopping-Verhalten hat sich eindeutig verändert mit der Gartenübernahme!

Nachdem wir den Rasen einmal durchkämmt hatten, stellten wir Mäher und Vertikutierer ein paar Stufen tiefer und wiederholten den Spaß.

Beim Beseitigen der Haufen bemerkten wir, dass es sich schon sehr viel weniger weich lief auf unserem Rasen – oder sollten wir lieber Acker sagen?! An einigen Stellen hatten sich die Maschinen ganz schön in den Boden gearbeitet. Aber erst jetzt fiel uns auf, wie uneben die Rasenfläche zum Teil war. An einer Stelle bemerkten wir eine richtige Senke. Hier war weniger Moos als auf dem Rest der Fläche gewachsen, das Gras war auch viel grüner. Ob sich dort einmal ein Teich befunden hatte? Unsere Nachbarin Christa zuckte mit den Schultern. »Wüsste ich nicht«, sagte sie nach einem prüfenden Blick über den Zaun. »Ach ja, so jung müsst' man noch mal sein«, fügte sie dann mit einem leichten Seufzen hinzu. »Ich kann ja nicht mehr viel selbst machen. Hab deshalb auch meinen halben Garten aufgegeben«, erzählte sie und nickte mit dem Kopf zur Parzelle unseres gemeinsamen Nachbarn. Auch ein Sommerschreber. Wir sicherten ihr zu, beim nächsten Baum- und Strauchschnitt zu helfen. »Macht ihr man erst mal euren Garten flott«, erwiderte Christa und lachte.

Recht hatte sie: Der Rasen war noch lang nicht so weit. Auf Geheiß unseres Gartenvorstands hin besorgten wir Eisensulfat und brannten den Rest des Mooses weg. Eine fiese Aktion, die wir so bald nicht wiederholen wollen. Immerhin: Innerhalb einer Woche wurden Teile des Rasens schwarz. Ziemlich große Teile. So viel Moos versteckte sich also noch auf der Fläche! Am Wochenende drauf harkten wir die schwarze Masse zusammen und säten neuen Rasen. Gar nicht so einfach, diese Mini-Samen gleichmäßig zu verteilen. Zum Glück half uns Nachbar Alfred mit einem Saatwagen aus. Hin und her fuhren wir die Rasensaat und harkten diese unter. Anschließend schleppten wir Gießkanne um Gießkanne auf unsere Rasenfläche und wässerten diese – einen Gartenschlauch hatten wir noch nicht. Wieder ein Ganzkörpertraining, das uns nicht nur definierte Oberarme, sondern auch wenig später einen hellgrün sprießenden Rasen bescherte!

Dass wir in den ersten Monaten so viel rissen, sorgte nicht nur für Begeisterung. Eines Sonntags stellte sich unser Sommerschreber-Nachbar an den Zaun und polterte los: »Seid ihr eigentlich bald mal fertig da drüben?« Nein, wir hatten doch gerade erst angefangen! Nach dem ersten Schock traten wir näher und versuchten zu verstehen, warum unser Nachbar so aufgebracht war. Einen Blick auf seine Grünfläche später waren wir schlauer. Ein Maulwurf hatte sich unter seinem Rasen ausgetobt, wir zählten etwa zehn Hügel. Und das über Nacht! »Der war sonst bei euch drüben. Schönen Dank auch«, schimpfte unser Nachbar, musste dann aber schmunzeln. »So ein Mist. Mein Gärtner hat gerade keine Zeit. Jetzt muss ich die hier alle selber platt machen.« Wir wünschten ihm viel Erfolg und versprachen, nicht mehr zu stark das Erdreich aufzuwühlen. »Fürs Erste jedenfalls«, murmelte Florian, als wir den Rückweg antraten. Wir hatten schließlich noch viel vor!

### *What to do – and not to do! – direkt nach der Kleingartenübernahme*

1. Einen Plan mit den wichtigsten To-dos machen und diese peu à peu abarbeiten. So vermeidet man Aktionismus.
2. Den Garten kennenlernen: Was wächst eigentlich wo? Was blüht wann? Welche Pflanze erfüllt welche Zwecke? Dann erst entscheiden, was gehen soll und was bleiben darf. Im Zweifel Stauden oder Sträucher ruhig ein Jahr stehen lassen – sie neu zu kaufen ist oft teuer!
3. Eine Richtung für die Gartengestaltung wählen. Und dann entsprechend die Laube um- und ausbauen, Beete neu anlegen oder umgestalten, neue Pflanzen einkaufen und bei Bedarf alte Pflanzen herausreißen.
4. Im Garten aufräumen, um den Überblick zu bekommen. Heißt: Rasen mähen, Hecken und Sträucher schneiden, etwaigen Müll entsorgen.

5. Ausstattung anschaffen. Was man als kleingärtnernder Mensch so braucht, ist abhängig davon, was man mit dem Garten vorhat. Unser Gebot: Wir kaufen Werkzeug und Helferlein nur, wenn wir sie mindestens zweimal im Jahr benötigen. Alles andere leihen wir bei Nachbarn, Freunden oder im Baumarkt.

# Kapitel 3

## Was das Gärtnerherz begehrt – Dinge, die Kleingärtnernde so brauchen

Bei unseren ersten Schritten im Garten merkten wir schnell, dass es uns an noch sehr viel fehlte. Erfahrung war das eine. Werkzeug das andere. Wir haben Glück – unsere Nachbarn sind sehr großzügig damit, uns Geräte auszuleihen. »Hier, der Schlüssel zu unserem Schuppen. Nehmt euch, was ihr braucht«, erklärte Nachbar Alfred eines Samstagmorgens, als wir im Garten aufschlugen, und reichte uns den Schlüssel über den Zaun. »Durch den Schuppen kommt ihr auch bei uns zur Hintertür rein. Da ist unsere Gästetoilette, dann könnt ihr euch auch mal erleichtern.« Das zu hören machte uns sehr froh. Denn zum einen ist Alfreds Schuppen sehr gut ausgestattet. Und zum andern hatten wir bis dahin immer ganz lange eingehalten oder waren zwischendrin schnell-schnell zum Baumarkt oder zum nächsten Bäcker geradelt, wenn es doch mal zu dringend wurde. Ziemlich uncool, weil für Hin- und Rückweg locker 20 bis 30 Minuten draufgingen. So little time, so much to do!

Alfred zeigte uns im Schuppen eine kleine Ecke, die er extra für uns freigeräumt hatte. Für die paar Werkzeuge, die wir schon angeschafft hatten. »Stellt auch ruhig eure

Rucksäcke und alles hier ab. Oder unter den Pavillon. Wenn wir nicht draußen sitzen, brauchen wir den ja nicht.« Noch mehr Erleichterung auf unserer Seite. Wir hatten unsere Sachen meistens auf einer Plane unter einem Eibenbäumchen abgelegt. Die Plane war dank dem Hamburger Wetter nicht mehr ganz sauber – unsere Rucksäcke sahen inzwischen schon entsprechend aus. Manchmal sprangen wir auf dem Rückweg vom Garten nach Hause noch schnell im Supermarkt rein und fragten uns öfter mal, was die Mitarbeiter dort eigentlich über uns dachten, wenn wir zwei Zerzausten durch die Gänge schlichen und sehr kohlenhydratlastig einkauften, entweder komplett verstaubt oder vom Regen aufgeweicht und vom Gartendreck verschmiert. In Alfreds Schuppen konnten wir nun immerhin Schuhe zum Wechseln abstellen – und so den gröbsten Schmutz im Garten lassen, statt ihn in den Supermarkt oder unsere Wohnung zu tragen.

## Doppelt gekauft hält besser

Werkzeug zum Unterstellen hatten wir zu Beginn noch nicht allzu viel. Ganz euphorisch kauften wir uns kurz nach Gartenübernahme die erste Grundausrüstung. Neben einem Kompostgitter – kein Kleingarten ohne! – besaßen wir nun zwei Rosenscheren, einen Spaten, eine Schaufel sowie Harke und Hacke. Dazu eine Schubkarre und Gießkannen, die wir ebenfalls unter unseren Eiben parkten. Die beiden Hs enttäuschten uns schnell. Weil wir uns nicht lange mit der Auswahl hatten aufhalten wollen, griffen wir im Baumarkt zur günstigen Hausmarke. Bei der ersten Unkrautvernichtungsaktion brachen Florian beide Geräte am Stiel, unmittelbar über dem Metall. Frustriert tauschten wir Harke und Hacke und nahmen uns nun einmal die Zeit, genauer zu schauen und uns beraten zu lassen. Meine Schwester und mein Schwager schworen auf Gardena und schickten Beweisbilder und -videos per WhatsApp. Wir ließen uns überzeugen und kauften zwei Stiele – für jeden einen in der Länge optimal passenden. Die Geräte konnten wir ganz einfach draufstecken. Wir wählten zunächst einmal Harke, Hacke und Grubber. Das System lässt sich beliebig erweitern, stellten wir fest, als wir im Baumarkt vor dem Regal standen. Neben dem Baumarkt wurde auch ein Flohmarkt im Hamburger Westen zu einem unserer Lieblings-Gartengeräte-Umschlagplätze. Jetzt, wo wir den Platz zum Unterstellen hatten, legten wir uns eine Heckenschere zu. Eine handbetriebene. Was hatten wir uns nur dabei gedacht?! Der erste Heckenhaarschnitt dauerte gefühlt ewig. Zweimal fuhr ich nach Feierabend in den Garten raus und frisierte den Liguster Stück für Stück auf die erlaubte Höhe von 1,10 Meter. Die Schere schnitt super. Nur das Hochhalten und die exakte Führung entpuppten sich nach einer Weile als sehr schmerzhaft für die Oberarme. Ob einem irgendwann Heckenscheren-Muskeln wachsen?

Dass wir eine handbetriebene Heckenschere kauften, hatte natürlich einen plausiblen Hintergrund. Wir hatten keinen Strom auf der Parzelle. Diesen ließen wir erst legen, als die Gartenhütte schon eine Weile stand. In der Zwischenzeit improvisierten wir. Oft konnten wir uns

Strom bei unserem Nachbarn Alfred »leihen« – das war Gold wert! Weil wir aber nicht wegen jeder Rasenmäh-Aktion nach einem Kabel fragen wollten, verließen wir uns gerade zu Beginn unserer Kleingartenkarriere auf unsere Muskelkraft. Wir kauften neben der Heckenschere und einer Astschere auch noch einen Rasenmäher – auch dieser hand- oder vielmehr beinbetrieben! »Ich hab so ein Ding noch nie verkauft, wenn ich ehrlich bin«, gestand der Mitarbeiter im Baumarkt, während wir die verstaubte Kiste unseres Wunschmähers aus dem Regal in unseren Wagen luden. »Wer seinen Rasen liebt, der schiebt«, lachte Vereinsvorstand Walter, als er uns eines Abends beim Rasenmähen beobachtete. Gegen das Schnittbild konnte er aber nichts sagen – Spindelmäher wie der unsere schneiden die Grashalme in der Regel schärfer und präziser ab als elektrisch oder mit Benzin betriebene Rasenmäher. In den Walzen dieser Geräte werden Grashalme oft umgeknickt und eher abgerissen als sauber abgeschnitten. Trotzdem: Auf die unbequeme Art mähen die wenigsten. Wenn wir regelmäßig Rasen mähen, hält sich der Kraftaufwand eigentlich in Grenzen. Fies wird es nur, wenn wir es schleifen lassen, weil Regen oder unsere Terminkalender uns einen Strich durch die Rechnung machen. Dann müssen wir uns mehrmals über die Rasenfläche quälen. Da unser Rasen nach wie vor etwas uneben ist und gerade an der Grenze zu den Nachbarn steil abfällt, wird das Mähen während einer Wendung zu einer besonderen Herausforderung. Aber wir wären ja nicht wir, wenn uns das stören würde!

## *Was Kleingärtnernde so brauchen*

- **Gartentaugliche Kleidung**

Also feste Schuhe, Gummistiefel, Kleidung nach dem Zwiebelprinzip, die schmutzig werden darf, wetterfeste Oberbekleidung. Außerdem Hut oder Schirmmütze als Sonnenschutz!

- **Gartenhandschuhe**

Am besten kauft man die im Angebot. Wer im Winter gärtnert, setzt auf ein Paar gefütterte Handschuhe für kalte Tage.

- **Erste-Hilfe-Set**

Inklusive Zeckenzange, Wunddesinfektion sowie Sonnencreme und Insektenschutz.

- **Gartenwerkzeug**

Gartenschere, Astschere, Heckenschere, Rasenmäher, Spaten, Grabegabel, Hacke oder Grubber, Harke/Rechen, Laubbesen, Blumenkelle, Unkrautstecher. Wer viel in Hochbeeten gärtnert, nimmt am besten Geräte mit kürzeren Stielen.

An dieser Stelle noch ein Hausfrauenspruch: Wer günstig kauft, kauft zweimal. Also besser einmal mehr Geld ausgeben, als sich hinterher zu ärgern!

- **Garten-Helferlein**

Gartenschlauch oder Gießkanne, Schubkarre, Laubsack, Korb oder Eimer.

Je nachdem, wo der Fokus im Garten liegt und was man gern macht, kann dieser »Fuhrpark« dann noch erweitert werden. Wer akkubetriebene Geräte nutzen will, kauft am besten eine Serie einer Marke, sodass die Akkus untereinander getauscht werden können.

Und für die Sparfüchse:

### *3 Tipps, um günstig an Ausrüstung zu kommen*

**1. Im Angebot kaufen**
Viele Discounter haben im Frühjahr Gartenausrüstung im Angebot. Bei Gartenhandschuhen oder anderen Verschleißteilen lohnt es sich, Mehrfachpacks zu besorgen.
**2. Auf dem Flohmarkt kaufen**
Oft findet man Markengeräte oder ältere, gut erhaltene Gartenwerkzeuge günstig auf dem Flohmarkt oder beim Trödler.
**3. Geräte teilen oder leihen statt kaufen**
Gerade größere Geräte kann man im Baumarkt leihen. Auch Nachbarn sind eine Quelle zum Leihen von Ausrüstung. Wer mag, kauft Rasenmäher & Co. zusammen mit befreundeten Gärtnernden und wechselt sich ab.

Das Einzige, was uns die Laune vermieste im ersten Sommer auf der Parzelle, war der stetige Nieselregen, der es schaffte, in unsere Gummistiefel zu kriechen, Gartenhandschuhe, Regenhose und Regenjacke zu durchweichen und – ganz manchmal aber nur – sich auf unser Gemüt niederzuschlagen. Irgendwie blieben wir aber dran. Und lernten, dass es gut ist, Wechselschuhe und -jacken sowie mehrere Paare Handschuhe zu besitzen und in den Garten mitzunehmen. Denn kaum ein Gefühl ist so unangenehm, wie nach einer längeren Pause in stocksteife, kalte und nasse Handschuhe zu schlüpfen. Unser Badezimmer zu Hause wurde zur Schmutzschleuse. Erst duschten wir uns den Gartenschmuddel ab, dann wurden Regenhosen, Jacken und Handschuhe aus- und abgewaschen und zum Trocknen ausgebreitet. Die Trauerränder unter den Fingernägeln wollten trotz extra angeschaffter Nagelbürste sowie Gärtnerseife und Handwaschpaste im Sommer manchmal gar nicht mehr verschwinden. Trägt man jetzt so – genauso wie den leichten Sonnenbrand, wenn es doch mal gutes Wetter hatte, die Kratzer vom Strauchschnitt und die Splitter und Schnitte, die wir uns bei unseren DIY-Projekten zuzogen.

Im Garten fanden wir endlich Verwendung für unsere alten Pullis und Jeans, die wir »fürs Streichen der Wohnung« in die hinterste Ecke des Schranks verbannt hatten. Weil sie zu schade zum Wegschmeißen waren, aber definitiv nicht mehr gut genug, um sie in den Secondhandladen zu bringen. Marie Kondo wäre nicht sehr stolz auf uns. Nun bekamen unsere ollen Klamotten aber endlich das Zweitleben, das sie verdienten. Genauso wie unsere Ski-Klamotten, die sonst über 51 Wochen ein trauriges Dasein in ihrer Schublade fristeten. Wir stellten fest, dass diese sich hervorragend dazu eigneten, uns nach dem Zwiebelprinzip wind- und wetterfest anzuziehen. Manchmal wagte sich zwischen all den dunklen Wolken nämlich auch die Sonne hervor – und dann wurde uns auf unserer Südparzelle sehr schnell sehr warm.

Um das Wetter besser im Blick zu haben, so merkten wir schnell, konnten wir uns auf die standardmäßige Wettervorhersage unserer Smartphones nicht verlassen. Wir luden uns deshalb eine App herunter, die vor allem von Landwirten genutzt wird: Agrar Wetter. Nach einer Testphase mit diversen Apps stellte sich heraus, dass diese Anwendung sehr zuverlässig und vor allem auch auf den Standort unseres Gartens eingrenzbar funktioniert. Eine weitere App wurde unser ständiger Begleiter im Kleingarten, nämlich eine zur Pflanzenbestimmung: PlantNet. Denn wir kennen zwar einige Pflanzen, aber eben doch nicht alles Kraut, was da bei uns so wächst. Und da wir uns des Öfteren die Frage stellen: Nützlich oder schädlich?, gewöhnten wir uns an, erst einmal die App zu befragen. Google weiß nämlich längst nicht alles, besonders nicht, was spezielle Wuchsformen und lokale Ausprägungen mancher Pflanzen angeht.

## Des einen Trash ist des anderen Treasure

Über die Gartenbasics und angemessene Kleidung hinaus haben wir uns im Laufe unserer Kleingartenkarriere allerhand Werkzeug angeschafft. Einiges ganz gezielt. Anderes wiederum eher, weil die Gelegenheit es hergab. Im Spätsommer unseres ersten Gartenjahrs informierte uns Nachbarin Christa, dass sie ausziehen würde. »Es wird mir einfach zu viel hier«, gab sie zu. Damit meinte sie nicht nur die Arbeit auf ihrem Grundstück, sondern auch das Geld. Seit mehr als zwanzig Jahren war sie nun Witwe, lebte von der schmalen Betriebsrente ihres Mannes. Den Teenager, der sich im Kleingartenverein sein Taschengeld aufbessert, konnte sie sich nicht immer leisten. Als es dann hieß, sie müsse die Klärgrube ihres

Häuschens komplett sanieren, kapitulierte sie. »8000 Euro soll das kosten«, berichtete Christa, »die hab ich nicht«. Gemeinsam mit ihrer Nichte machte sie sich daran, ihr Häuschen auszuräumen. Wir wurden unfreiwillig zu Nutznießenden ihrer Situation. »Kommt mal mit«, sagte Christa und winkte uns in ihren Garten. »Guckt hier« – sie schloss einen Schuppen auf, die Werkstatt ihres Mannes. Wir korrigieren: Die wirklich sehr gut ausgestattete Werkstatt ihres Mannes. »Sucht euch aus, was ihr wollt. Ich schmeiße das hier alles weg. In meiner Wohnung hab ich keinen Platz für das ganze Zeug«, sagte Christa und fügte, den Tränen nahe, hinzu: »Ich muss schon fast alle Möbel hierlassen. Nichts darf mit. Keine Deko, keine Blumen!« Sie schniefte. Ihre Nichte beschwichtigte: »Wir haben die schönsten Sachen rausgesucht. Du hast auch einfach viel Zeug!« – sie wartete, bis Christa sich umdrehte, und rollte dann in unsere Richtung die Augen. »Wir räumen hier schon seit Tagen aus«, murmelte sie leise und erklärte uns, dass, sobald sie und ihr Bruder alles sortiert hätten, wir uns treffen würden, um die Werkstatt aufzulösen, Pflanzen auszugraben und die Terrassensteine zu übernehmen. »Bevor sich das jemand holt, den wir nicht kennen …« Wir könnten aber heute schon eine Bank mitnehmen – »für eure Mittagspause«. Und direkt anfangen, eine der Beetumrandungen aus Friesensteinen abzugraben. »Achtung, die sind richtig schwer!«

Und so kam es, dass wir heute stolze Besitzer einer richtig schönen, heute unbezahlbaren Werkbank sind und über eine große Sammlung an Hobeln verfügen und verschiedene Hammer, Schraubendreher, Schraubenschlüssel sowie Zangen in jeder Größe und für jeden erdenklichen

Zweck unser Eigen nennen. Drei Regentonnen sowie diverse Drahtrollen, eine zweite Schubkarre sowie ein paar kleine Gartengeräte bekamen wir ebenfalls geschenkt.

Neben den Steinen aus der Beetumrandung buddelten wir wenig später zig Terrassensteine aus – daraus wollten wir unseren Weg gestalten. An dem Tag, an dem wir dafür Zeit hatten, regnete es natürlich mal wieder in Strömen. Zum Glück lag unter den meisten Steinen Sand, sodass wir sie gut gehoben bekamen. Der Transport war aber noch einmal ein ganz anderer Schnack. Wir liehen uns Alfreds Sackkarre aus, um die Steine auf unsere Parzelle zu fahren. Das klappte zuerst ganz gut. Da Christas Garten etwas tiefer liegt als unserer, mussten wir allerdings immer eine kleine Anhöhe überwinden, um auf unser Grundstück zu gelangen. Der Regen verwandelte den Hügel in eine kleine Rutschbahn, die immer glitschiger wurde, je länger es nieselte und je öfter wir den Weg abfuhren. Dazu kam, dass die meisten Steine herkömmliche Terrassenplatten mit einem Gewicht von jeweils etwa 20 Kilogramm waren. Zwischendrin lagen aber echte Brummer, die fast doppelt so dick waren wie die normalen Platten und locker 40 Kilogramm wogen. Diese im Regen aus inzwischen nassem, klebrigem Sand zu klauben und auf die Sackkarre zu verfrachten bedeutete mal wieder eine richtig fiese Knochenarbeit. Wir zogen das Ganze aber durch, getrieben von den Erzählungen unserer Nachbarn. Die Wegplatten unserer Vorpächterin waren beim Abriss ihres Häuschens nämlich zunächst liegen geblieben. Bis jemand sie in einer Nacht- und Nebel-Aktion ausgegraben und stibitzt hatte. Das sollte uns mit den Platten von Christa nicht passieren. Jeder Terrassenstein, den wir von ihr übernehmen konnten, sparte uns fünf Euro. Und die Sorge, wie wir die Platten aus dem Baumarkt in den Garten bekommen sollten. Klar hätten wir uns ein Auto leihen können. Das hat aber nur eine begrenzte Zuladung, und das bedeutet, dass wir unzählige Fahrten hätten machen müssen.

Neben Werkzeugen und anderen Materialien für den Garten übernahmen wir auch Pflanzen von Christa. Ein paar sehr schöne Hortensien sowie diverse Gartenkräuter und Bodendecker wanderten von ihrer in unsere Parzelle. Was uns bis heute ärgert: Im vorderen Part ihres Gartens befanden sich eine Zaubernuss sowie mehrere Beerensträucher. Wir ließen diese Pflanzen stehen, damit die Nachpachtenden auch noch ein paar hübsche Sträucher und Bäume zum Start haben würden. So viel Rücksicht wie wir nahm der Abrissbagger oder vielmehr sein Fahrer leider nicht: Er hielt sich nicht lang damit auf, die Gartenpforte auszuhängen, sondern wählte einfach den Weg ab durch die Hecke ein paar Meter weiter. Jetzt wissen wir auch, wie unsere Parzelle vor der Übernahme durch uns so ein klaffendes Loch im Liguster bekommen hatte! Und fragen uns, was neben dem Pflaumenbaum, der einst auf unserem Grundstück stand, noch alles dem Bagger zum Opfer gefallen ist. Der erwischte auf Christas Parzelle nämlich sowohl die Zaubernuss als auch die Beerensträucher. Als wir nach dem ganzen Spuk aufs Gelände gingen, fanden wir nur noch ein paar zermalmte Äste sowie einen völlig zerbrochenen Stamm, der im festgefahrenen Erdreich steckte.

Ganz nach dem Motto »One man's trash is another man's treasure« hatte sich zwischenzeitlich herumgesprochen, dass wir dankbare Abnehmer für Geräte und Materialien rund um den Garten waren. So »erbten« wir, als weitere Nachbarn ihr Häuschen aufgaben, eine Kiste mit noch mehr Hobeln. Und eine Oberfräse, die noch aus den Siebzigern stammt. Ist aber noch sehr gut in Schuss. Lediglich neue Fräsköpfe brauchte sie. Dank der einfachen Technik, die darin verbaut ist, konnte Florian sie ganz einfach reparieren, als sie doch einmal herumzickte, während wir mit ihr arbeiteten.

Von einem weiteren Mit-Schreber gab es einen 1000-Liter-IBC-Container zum Spottpreis. Ein anderer Kleingarten-Freund brachte uns ein paar Paletten-Rahmen vorbei – »für Hochbeete«. Unser Nachbar, der Sommerschreber, hatte auch eine Überraschung für uns: »Wollt ihr unsere Hollywoodschaukel haben?«, fragte er und fügte hinzu: »Wir bringen die sonst zum Recyclinghof.« Wir übernahmen die Schaukel nur zu gern – die hat nämlich ein Stoffdach und spendet damit immerhin einen Mini-Schatten. Darüber hinaus freuten wir uns, dass unser Nachbar uns die Maulwurf-Attacke inzwischen wohl verziehen hatte. Vor der Begegnung am Zaun hatte uns der Sommerschreber schon einmal etwas geschenkt, einen Schnellkomposter. »Ich glaub, der funktioniert nicht richtig«, gab er zu, als er ihn herüberreichte. »Aber so oder so brauchen wir den nicht. Wir benutzen lieber Dünger. Kompost stinkt ja immer so«. Einmal richtig aufgestellt, leistet der Schnellkomposter uns bis heute beste Dienste. In ihm verrotten Obst- oder Gemüseabfälle viel schneller – und vor allem sicher vor Ratten und anderem Getier, das sich sonst über so eine Nahrungsquelle freut und dann im Kleingarten tummelt. Was unten aus dem

Schnellkomposter herauskommt, schichten wir auf den richtigen Kompost. Unangenehme Gerüche entstehen eigentlich nicht dabei, denn der Drahtkorb, in dem unser Kompost lagert, ist gut belüftet.

Freunde und Familie nutzen Geburtstage, Weihnachten und Co., uns mit praktischen Geschenken rund um den Garten zu beglücken. Wir mussten unser Bücherregal erweitern, so viele Bücher bekamen wir, als wir von unseren ersten Gartenplänen berichteten. Dazu gab es mehrere Gartenzeitschriften-Abos. Florians Vater spendierte einen amtlichen Koffer mit Akkuschrauber und Akku-Schlagbohrschrauber sowie diversen Bohrern, Bohr- und Schraubaufsätzen. Perfekt, um unsere Gartenhütte aufzustellen. Neben einer Japansäge gab es von meinen Brüdern eine Mini-Sense – ideal, um Gräser zu schneiden, mit denen wir Rosen, Hortensien und Co. mulchen.

Der Platz bei Alfred im Schuppen wurde irgendwann langsam knapp, und ständig die großen Geräte per Rad von A nach B zu transportieren, auf Dauer sehr mühsam. Aber auch hier kam unverhofft ein Geschenk um die Ecke. »Könnt ihr zufällig einen Fahrradanhänger gebrauchen?«, fragte mein Neffe per WhatsApp. Er studierte in Süddeutschland, arbeitete nebenbei als Fahrradkurier und hatte sich mit seiner WG ein Lastenrad angeschafft. Sein Radanhänger, in dem er als Baby und Kleinkind herumkutschiert wurde und den er als Transportmittel nutzte, war nun übrig. »Immer her damit«, lautete unsere Antwort. Nur: Wie bekommen wir das Teil von Karlsruhe nach Hamburg? »Ich melde mich«, schrieb mein Neffe. Zwei Wochen später fragte er uns dann: »Seid ihr am Wochenende zu Hause? Eher später abends?« Wir schauten uns an und mussten lachen. Seit wir den Garten haben, stehen die Chancen sehr gut, dass wir am Wochenende abends in unserer Wohnung anzutreffen sind. Sehr oft sind wir viel zu kaputt vor lauter Gewerkel auf unserem Stückle, um noch groß um die Häuser zu ziehen. Meistens reicht es gerade mal für ein oder zwei Wochenend-Bierchen, nicht allzu weit weg vom heimischen Sofa. Einzige Ausnahmen: Wir fahren übers Wochenende weg. Oder wir grillen auf der Parzelle. »Keine Sorge, wir sind da«, antworteten wir. Und so klingelte am nächsten Freitagabend Max kurz vor ein Uhr an unserer Tür. »Hey, it's Max. I brought the bike trailer«, erklärte der Typ, der etwas abgehetzt aussah. »Sorry, Stau, that's why I am so late.« Reinkommen wollte er nicht, ein Wegbier nahm er aber gerne mit. Und wünschte uns »good luck gardening«. Thank you, Max! Mein Neffe erklärte später, Max sei ein Kumpel, der Freunde in Hamburg besucht und noch Platz im Auto gehabt habe. Wir sind jedenfalls sehr froh über den Anhänger, der seit dem Tag seiner Ankunft in Hamburg regelmäßig mit uns in den Garten rumpelt und zuverlässig Akkuschrauber und anderes Werkzeug, Wechselklamotten, Rucksäcke, Grillzeug sowie Wochenendeinkäufe hin- und hertransportiert. Auch Baumarkttrips gestalten sich mit Anhänger sehr viel unkomplizierter. Fünf Säcke Kompost oder Blumenerde schaffen wir damit locker. Wenn es mehr werden soll, leihen wir ein Auto via Carsharing oder bestellen direkt im Baumarkt und lassen uns das Material liefern.

Der Anhänger erweist uns auch beste Dienste, wenn es darum geht, Schätze, die der Weg zwischen Wohnung und Garten so bietet, einzusammeln. Ein Papiercontainer, an dem wir jedes Mal vorbeifahren, scheint eine inoffizielle Sperrmüll-Abladestelle für die drum herum Wohnenden zu sein. Immer wieder entdecken wir dort Dinge, die in den Garten oder sogar unsere Wohnung einziehen dürfen. Alte Schubladen – ideal als Deko und Aufbewahrung für unsere Werkstatt im Garten. Ein Papierkorb aus Weidengeflecht – super als Blumenübertopf zu verwenden. Ein Bild, das den Hamburger Hafen zeigt – macht sich perfekt an unserer Wand in der Gartenlaube! Wir sind immer bereit, Schönem und noch Tauglichem ein zweites Leben zu verschaffen. So wie dem Windfang einer Currywurstbude. Den verbauten wir zu einem Gewächshaus. Doch ganz von vorn.

## »Machen! Mitnehmen!«

Noch vor unserer Kleingärtnernden-Karriere verbrachten wir Stunde um Stunde auf Gartenblogs und auch Pinterest. Dort entdeckten wir ein Herzensprojekt, das direkt auf unsere »Haben wollen«-Pinnwand wanderte. Ein Gewächshaus aus alten Fenstern. Meine Schwester ergatterte zufällig Fenster, als sie an einer Baustelle vorbeifuhr, zwei weitere kauften wir günstig über eBay Kleinanzeigen. Florians Vater, selbstständiger Architekt, überließ uns weitere alte ausgebaute Fenster, die er bei einem Hausabbruch gerettet hatte. So bekamen wir schon etwa die Hälfte des Materials für ein Gewächshaus zusammen, bevor wir überhaupt eine Zusage für unseren Kleingarten hatten und wussten, ob wir es dort eigentlich würden verwenden können. Wir lagerten die Fenster im

Fahrradkeller unserer Wohnung zwischen. In unseren Köpfen war der Bauplan schon längst fertig, als wir dann endlich unseren Garten übernahmen. Das Projekt Gewächshaus verschoben wir dann aber, als klar wurde, dass wir zunächst ganz andere Baustellen hatten. Eine Gartenhütte zu bauen, zum Beispiel. Im Nachhinein war es so herum perfekt – dass wir Zeit hatten, unseren Plan noch einmal zu überdenken und einiges in Sachen Do-it-Yourself dazuzulernen. Dass die relativ schweren Fenster zum Beispiel einen sehr soliden Rahmen brauchen würden. Dass die unterschiedlichen Flügel in der Praxis überhaupt nicht zusammenpassen und das Zusammensetzen eine entsetzliche Puzzle-Arbeit werden würde. Oder dass die einfach verglasten Fenster, die zum Teil schon sehr in die Jahre gekommen waren, der steifen Brise Hamburgs gar nicht würden standhalten können. Dass wir den Kitt an den meisten Fenstern komplett austauschen würden müssen, damit die Scheiben nicht gleich herausfallen.

All das wurde uns immer klarer, je mehr wir an unserer Gartenhütte und anderen Projekten im Garten herumwerkelten. Übung macht den DIY-Meister. Ein Gewächshaus wollten wir nach unserer ersten Gartensaison immer noch haben – oder eher noch mehr denn je. Denn wir merkten: So erfolgreich wir mit unseren Beeten auch gärtnerten. Empfindliche Pflanzen wie Tomaten würden wir ohne schützendes Glashaus nicht groß bekommen. Zu unbeständig ist das Wetter in Hamburg, zu sehr dem Wind ausgesetzt unser Kleingarten.

Auf dem Sommerfest des Kleingartenvereins im zweiten Gartenjahr kam uns dann die Erleuchtung in Form einer ehemaligen Currywurstbude. Der Vorstand hatte uns gebeten mitzuhelfen – ich betreute den Malwettbewerb, Florian beaufsichtigte den Dosenwerfen-Stand. Als wir uns am Kaffee- und Kuchenstand eine Stärkung abholten, fiel unser Blick auf einen Haufen Plexiglasplatten, die auf Holzrahmen geschraubt waren. Es sah so aus, als hätten die hier schon länger gelegen. Beim Abbauen fragte Florian unseren Vereinsvorstand Walter, was es mit den Platten auf sich hatte. »Jaja, das willste wohl gern wissen, was?«, grinste Walter. »Die gehören mir. Das ist der Windfang meines Currywurst-Anhängers«, erklärte er und fügte hinzu: »Also, das war es zumindest mal. Meine Currybude und ich, wir sind ja jetzt in Rente. Wieso? Wollt ihr die haben?« Florian nahm die Platten genauer unter die Lupe und prüfte die Stärke an einem losen Ende. »Stabil sind die, mein Lieber, die haben die letzten fünf Jahre dem Wind standgehalten«, sagte Walter. »Was wollt ihr denn damit bauen? Ein Wintergarten ist nicht erlaubt, dafür ist eure Hütte zu groß!«, mahnte er uns. »Eher ein Gewächshaus«, sagte Florian. »Machen! Mitnehmen!«, sagte Walter, »besser geht's ja nicht!« Und so kam es, dass wir an dem Abend noch zwölf Platten von einer Größe von 2,5 mal 1 Meter in unseren Garten trugen. Und später zu Hause dann ein Gewächshaus aus dem Material planten, das wir für 50 Euro quasi geschenkt bekommen hatten. Der Vorteil der Plastikplatten-Konstruktion: Da die Platten alle auf gleich starken Hölzern montiert und noch dazu »aus einem Guss« waren, mussten wir nicht so viel improvisieren, sondern konnten aus den großen Teilen mit nur wenigen Schnitten die Flächen für unser Gewächshaus zusammenstellen. Das Material war außerdem leichter als die gesammelten Fenster. Wir benötigten deshalb kein Fundament, sondern konnten die Balken, die die Teile tragen, mit Pfostenschuhen im Boden verankern. Das sparte Geld, Zeit und Kraft. Da die Plexiglasflächen viel größer als die Fensterflügel waren, wurde das Gewächshaus zudem noch effektiver, weil viel heller.

Wir wären aber nicht wir, wenn wir keine Verwendung für die mühsam zusammengesammelten Fenster gefunden hätten. Ein großes Fenster setzten wir in unsere Gartenhütte ein. Aus vier kleinen Fensterflügeln entstanden Frühbeet-Aufsätze für die Hochbeete, die wir inzwischen gebaut hatten. Der Rest wurde zu einem Gebilde verbaut, das wir liebevoll die Tomatenbushaltestelle nennen. Ein halb offener Unterstand mit einem schrägen Dach – ganz ähnlich einer Bushaltestelle. Diesen baute Florian so, dass die offene Seite in Richtung Gartenhütte zeigt. So ist der Unterstand relativ windgeschützt. Warum wir ihn neben dem offiziellen Treibhaus noch brauchten? Weil wir im Gartenjahr nach dem Gewächshausbau so euphorisch an die Tomatenproduktion herangingen, dass das Plexiglashäuschen schnell aus allen Nähten platzte. In der Tomatenbushaltestelle fanden dann immerhin noch einmal acht Pflanzen Platz. Auch wenn die Ernte hier nicht ganz so üppig ausfällt wie in unserer Currywurstbude – die Tomatenbushaltestelle erfüllt doch ihren Zweck. Und sorgt bei Gartenbesuch für viele Schmunzler.

# Den Regen regeln – unsere smarte Gartenbewässerung

Als unser Gewächshaus stand, gingen wir das Thema Wasserversorgung im Garten etwas professioneller an. Wir kauften einen Gartenschlauch. Der reichte zwar vom Wasseranschluss auf dem hinteren Teil unseres Gartens bis nach vorn in die Bauerngarten-Beete. Der Nachteil daran: Wir konnten mit dem Schlauch immer nur Frischwasser zapfen. Und dabei sammelten wir von Anfang an Regenwasser – in inzwischen drei Tonnen und einem IBC-Container. Mit Regenwasser zu gießen ist sehr viel nachhaltiger und vor allem auch kostengünstiger, als ständig Trinkwasser auf den Beeten zu verteilen. Viele Pflanzen mögen Regenwasser außerdem lieber, da es weicher ist als das Wasser aus dem Hahn.

Und so schleppten wir Gießkannen. Container und Tonnen standen zwar leicht erhöht, sodass wir mit den Gießkannen bequem darunter gelangten. Sie standen aber nicht hoch genug, als dass wir damit genug Druck erzeugt hätten, um den Gartenschlauch versorgen zu können. Um alle Beete zu wässern, benötigten wir etwa zwölf bis vierzehn Kannen. Im Jahrhundertsommer 2018 fuhren wir dreimal in der Woche zum Gießen in den Garten. Die Tonnen waren allerdings bald leer, sodass wir doch auf das Frischwasser zugreifen mussten.

Für die Gartensaison 2019 nahmen wir uns deshalb vor, noch einmal etwas mehr Hirn, Zeit und Geld in die Bewässerung unseres Gartens zu stecken. Die würde gerade im Gewächshaus nötig sein, wussten wir, denn da das Treibhaus so schön dicht und so schön hell ist, verdunstet

Wasser darin noch viel schneller. Tägliches Gießen ist uns mit unseren 40-Stunden-Jobs dann doch ein bisschen viel Aufwand, bei aller Kleingartenliebe!

Im ersten Schritt zur optimalen Wasserversorgung unseres Gartens verbanden wir den Container und die Tonnen mithilfe eines Wasserschlauchs, den wir unter der Gartenhütte entlangführten. Dann legten wir uns eine Regenwasserpumpe zu, ein sogenanntes Hauswasserwerk. Das baut genügend Druck auf, sodass wir nicht nur Wasser für Gießkannen abzapfen, sondern auch einen Schlauch an den Container oder vielmehr die Pumpe anschließen können. Doch damit war noch nicht Schluss. Florian war on fire und plante eine Tröpfchen-Bewässerung für unser Gewächshaus. Das ist eine Konstruktion aus sehr vielen schmalen Schläuchen, die direkt im Beet liegen. Aus kleinen Düsen, die wir direkt neben den Pflanzen montierten, gelangt das Regenwasser in kleinsten Tröpfchen in die Erde. Das System ist nicht nur praktisch, weil es uns die Gießarbeit abnimmt. Es ist auch sehr sparsam. Und weil Florian den ganzen Zauber auch noch als smarte Variante installiert hat, können wir die Bewässerung bequem per App von zu Hause aus überwachen und steuern. Ist es kühler und bedeckt, setzen wir die Bewässerung aus. Sticht die Sonne bei sehr warmen Temperaturen, regeln wir den Regen ein wenig stärker. Unseren Tomatenpflanzen gefällt's – und uns natürlich auch!

# Green is the new black

Im Laufe unseres Kleingärtnernden-Lebens wurden wir zu Jägern und Sammlern von Saatgut und Pflanzen. Wir möchten auch hier möglichst nachhaltig vorgehen, weshalb wir neues Saatgut nur bei zertifizierten Bio-Anbietern bestellen. Da die Auswahl im Baumarkt und im Gartencenter bei uns in der Nähe eher mau ist, bestellen wir online. Statt wie früher Kleidung zu shoppen, treiben wir uns mittlerweile lieber in der Welt der Saatgut- und Pflanzen-Versender herum. Kreisch!! Unsere neuen Gartenkräuter sind da!

## *Unsere fünf liebsten Anbieter für (Bio-)Saatgut*

**1. Bingenheimer Saatgut: Demeter-Saatgut kaufen**
Nicht nur inhaltlich, auch äußerlich überzeugt der Bio-Saatgut-Onlineshop. Das Saatgut ist übersichtlich eingeteilt in Gemüse, Kräuter, Blumen etc. – Pflanzen gibt's auch. Wer will, klickt sich über einen Extrareiter zu den neuesten Sorten des Jahres oder liest noch mal etwas mehr über samenfestes Saatgut. Versand und Abwicklung laufen super. Und: Die Samen haben eine hohe Keimfähigkeit.

**2. Dreschflegel: Bio-Saatgut-Verkauf mit Mission**
Bei Dreschflegel, einer Initiative zur Saatgutvermehrung und -züchtung, geht es noch stärker um das Warum als das Was. Natürlich gibt's aber auch diverse Sorten Bio-Saatgut zu kaufen. Die Kategorien sind etwas detaillierter

als beim Bingenheimer Saatgut. Toll ist die Rubrik »Spezielles«! Hier gibt es viele alte Sorten zu entdecken, Färberkamille, Tabak oder Kaffee-Zichorien zum Beispiel.

**3. Biogartenversand Hof Jeebel:**
**Top für Bio-Saatgut und -Kartoffeln**

Der Biogartenversand, auch bekannt als Hof Jeebel, ist eine sehr gute Adresse für Bio-Saatkartoffeln. Hier gibt es auch viele alte Sorten! Außerdem im Sortiment: Pilzbrut und verschiedenes Getreide-Saatgut, alles Bioland-zertifiziert. Saatgut für Gemüse führt der Biogartenversand auch, unter anderem das von Bingenheimer Saatgut.

**4. Magic Garden Seeds:**
**Die magische Art, Bio-Saatgut zu kaufen**

Ausgesuchtes Saatgut mit Hang zum Besonderen: Neben klassischen Gemüsen finden sich hier auch »Zauberpflanzen« oder Kräuter zum Räuchern. In der Rubrik »schwierige Standorte« werden die passenden Gemüsesorten, Kräuter und Blumen für verschiedene Ansprüche angeboten. Toll sind auch die Saatgut-Sets mit Pflanzen für den romantischen Bauerngarten oder mit Pflanzen fürs Kinderbeet.

**5. Ohne Bio-Siegel, aber mit viel Herz:**
**Rühlemann's Kräuter- und Duftpflanzen**

Daniel und Patricia Rühlemanns Betrieb ist nicht biozertifiziert, obwohl sie ihre Pflanzen größtenteils nach Bio-Standards züchten und pflegen. Kräuter und Gewürzpflanzen gibt es hier entweder als Saat- oder als Pflanzgut. Die Kräutergärtnerei befindet sich etwa eine Autostunde von Hamburg entfernt – definitiv ein Pluspunkt für alle (Klein-)Gärtnernden aus Hamburg und Umgebung!

Wer in der Nähe eine Bio-Gärtnerei mit eigenem Samenbau hat, schaut natürlich am besten direkt dort vorbei. Auch für Bäume und Sträucher lohnt es sich, eher im Umkreis zu bleiben – denn der Versand ist sehr aufwendig und nicht gerade umweltfreundlich! Da wir ohne Auto gärtnern, haben wir größere Bäume bei der Bioland-Baumschule Pflanzlust bestellt und liefern lassen. Die planen ihre Touren immer kompakt, so wird der ökologische Fußabdruck nicht allzu riesig.

Nebenbei begannen wir, Saatgut aus Gemüse und Obst, das wir einkauften, zu trocknen und zu sammeln. Bei Tomaten geht das zum Beispiel sehr einfach: Die Früchte aufschneiden und wie gewohnt verwenden. Die Kerne auf einem Küchenkrepp abwischen und trocknen lassen. Sorte notieren nicht vergessen! Auch Kürbiskerne waschen wir ab und lassen sie trocknen, um sie als Saatgut zu verwenden. Unsere Küche gleicht manchmal dem Labor eines verrückten Biologie-Professors. Neben unseren Topfpflanzen stehen dann auf allen Schränken und Regalen Teller voll mit trocknenden Saaten. Daneben Gläser mit Lauch und Salat-Strünken. Wenn wir mal wieder im Pinterest-Fieber sind, probieren wir gerne aus, ob die Küchen- und Garten-Hacks, die sich hier so schnell verbreiten, auch funktionieren. Das tun sie! Aus dem unteren Teil eines Lauchs – mit den Wurzelchen dran – wächst, wenn man ihn in Wasser stellt, langsam neues, ziemlich scharfes Grün. Schneller geht das schon bei den Romanasalat-Herzen, deren Strünke wir ebenfalls in Wasser tauchen. Aus der Mitte wachsen helle grüne Blättchen nach. Leider kippte einmal das Wasser in den Gefäßen um. Wir waren übers Wochenende weggefahren, unseren Experimenten wurde es dank sehr viel Sonneneinstrahlung in der Küche zu warm. Aber es blieben uns immer noch die Kartoffeln, die wir im Schrank vergessen hatten: Die waren inzwischen runzlig und bildeten Arme – ideal, um sie als Saatkartoffeln zu verwenden.

Wann immer wir bei Freunden oder der Familie sind und es sich anbietet, tauschen wir Saatgut, stechen uns Stauden ab oder schneiden Zweige, die wir als Stecklinge in unseren Garten setzen. Wie stolz wir waren, als wir zum ersten Mal selbst Grün aus dem Garten an andere verteilen konnten! Es gelang uns, eine Mini-Rhabarber-Pflanze auszugraben – ein Top-Geburtstagsgeschenk für eine meiner Schwestern. Und in Gartenjahr Nummer drei verschenkten wir zu Ostern großzügig Garten-Flockenblumen, die auf unserer Parzelle etwas heftig wucherten und die wir daher ein wenig dezimieren wollten.

Auch in Online-Communitys, etwa bei Instagram oder über Facebook-Gruppen, tauschen wir Saatgut und Pflanzen. Oder bekommen einfach welche geschenkt. Eine Userin zum Beispiel wollte Platz in ihrem Ziergarten schaffen. »Ich brauche mehr Platz für mein Gemüse«, erklärte sie uns, als wir Frauenmantel, Fingerhut, Storchschnabel sowie diverse Kräuter bei ihr ausbuddelten. »Mein Rentenbescheid ist so lächerlich, ich setze jetzt auf Selbstversorgung«, führte sie weiter aus und zeigte uns noch mehrere Himbeeren, die wir ebenfalls ausgraben sollten. Geld wollte sie keins, aber unser Glas Rhabarbermarmelade nahm sie gern entgegen. »Super, so was wächst bei mir ja gar nicht«, sagte sie und strahlte.

Wir ertappen uns außerdem dabei, dass wir in Urlauben und auf Kurztrips nicht mehr klassische Andenken oder landestypische Speisen erstehen. Immer öfter streifen wir stattdessen über örtliche Märkte und halten Ausschau nach Kräutern und Saatgut, mit denen wir im Kleingarten experimentieren können. Oder schlendern durch Gartenanlagen und Parks und sammeln auf, was interessant aussieht. »Dürfen wir das eigentlich?«, fragte ich unsicher, als Florian in Marokko Saatgut eines Ficus auf der Straße aufpickt. Wir googelten schnell. Tatsächlich ist es in den meisten Fällen erlaubt, Saatgut und Früchte über Grenzen zu transportieren. Ausnahmen sind zum Beispiel Kartoffeln mit Erdresten dran – wegen der Kartoffelfäule und der Kartoffelkäfer. Und Exoten wie die Ginseng-Wurzel. Hier gibt es wohl einen regelrechten Schwarzmarkt.

Wir lasen: Bis zu fünf Jahre Haft riskiert, wer unerlaubt Saatgut, Pflanzen oder Früchte in ein anderes Land überführt. Was uns nicht daran hindert, weiterhin nach pflanzlichen Urlaubssouvenirs zu suchen, uns aber dazu bringt, in jedem Land zu checken, was erlaubt ist und was verboten.

Von einem Surf- und Weintrip nach Biarritz und Bordeaux durfte etwa eine wilde Karde samt getrockneter Samen dran mit in unseren Garten reisen – ein Exemplar bewohnt seitdem unsere Wildbienenwiese. Aus einem Wanderurlaub im Harz kamen alte Tomatensorten aus einem dort ansässigen Gartenbaubetrieb mit. Als getrocknete Kerne auf einem Küchenkrepp, die wir im darauffolgenden Frühling einfach in Erde setzten und so eine wahre Tomatenflut heraufbeschworen.

Das Schwierige bei all der Urlaubs-Hamsterei? Uns dran zu erinnern, was wir mitgebracht haben – und vor allem worin.

Einmal schafften wir es, eine Ladung Wäsche nicht wie sonst ab und an mit Taschentuchfetzen, sondern mit ominösen Samen eines Baums in Marokko zu verunreinigen. Die Keimprobe überstanden die kleinen Kerne hinterher leider nicht mehr. Zu schade! Wir hätten gern gewusst, was wir da eigentlich mitgebracht hatten. Unsere Ficus-Samen wurden aber etwas: Wir zogen erfolgreich drei Pflanzen, meine Schwester und Florians Mutter ebenfalls. Anhand deren Exemplare sahen wir schnell, dass unser grüner Daumen Nachhilfe brauchte! Deren Fici waren schon nach einem Jahr etwa dreimal so hoch und so breit wie unsere …!

## *Wie man günstig an Saatgut und Pflanzen kommt*

Pflanzen und Saatgut zu kaufen gibt es on- und offline, im Baumarkt oder im Gartenfachhandel – manchmal sogar auch in der Gemüseabteilung des Bioladens. Günstiger sind diese Quellen:

- Saatgut bei kleinen, nicht komplett professionalisierten Händlern kaufen – z. B. auf Social Media zu finden.
- Wälder, Wiesen und andere Grünflächen – einfach beim Spaziergang aus der Natur bedienen. Achtung: Eventuell gibt es Besitzansprüche der Landbesitzenden oder -pachtenden. Manche Pflanzen sind geschützt, ausbuddeln ist dann nicht erlaubt.

- Gärten oder Grünflächen von Familienmitgliedern und Freunden.
- Stauden- und Saatgut-Tauschbörsen. Diese gibt es sowohl offline als auch online – etwa bei Facebook oder organisiert von Bloggern, YouTubern oder Instagrammern.
- eBay Kleinanzeigen und andere Gebraucht-Portale
- Ein Besuch auf dem Markt, kurz vor Schluss – hier gibt es oft Pflanzen zu günstigen Preisen.
- Saatgut selbst ziehen aus (Bio-)Gemüse. Klappt zum Beispiel bei Tomaten hervorragend!

# Kapitel 4

## Einer flog übers Schnurgerüst – Auf Umwegen zur Kleingartenhütte

Donald Trump persönlich hat die Baustelle unserer Gartenhütte aus der Luft inspiziert. Gesetzt den Fall, er guckte während des Starts aus dem Fenster seiner Maschine. Und gesetzt den Fall, er saß in der Boeing, die da über unseren Köpfen abhob. Kurze Zeit später startete nämlich noch eine zweite Maschine der US Air Force in die entgegengesetzte Richtung. Wir lernten: Die Air Force One ist nur das Flugzeug, in dem der US-Präsident auch tatsächlich reist. Und: Ist er mit seinem Vize unterwegs, fliegt dieser in einer anderen, sehr ähnlich aussehenden Maschine. Doch zurück zu unserem Garten. Der G20-Gipfel hielt Anfang Juli 2017 Hamburg in Atem. Uns beschäftigte währenddessen etwas ganz anderes: Endlich konnten wir unsere Gartenhütte abholen! Und so fuhren wir gen Süden, in Florians Heimat. Ein Bauherr von Florians Vater wollte unbedingt eine Holzhütte loswerden, um Platz für seine Unterkellerung zu schaffen. Florians Vater bot uns an, die Teile per Lkw in unseren Garten zu chauffieren. Was nach viel Geld und Aufwand klang, war es zum Teil auch. Allerdings kamen wir so für etwa 1000 Euro an eine fast neue Holzhütte, die mindestens das Fünffache wert war. Die Grundfläche der Hütte hatte genau die richtige, kleingartenregelkonforme Größe. Und auf das solide vier Zentimeter starke Holz der Wände würden wir noch einen Schlafboden plus Dach-Aufbau setzen können. Um das Projekt noch perfekter zu machen: Wir sparten so nicht nur Holz, sondern konnten auch etwas nachhaltiger bauen. Die Hütte wäre sonst einfach ab in den Container gewandert!

Und so kam es, dass wir unter Geleitschutz von berittener Polizei und diverser Kampfhubschrauber am Abend des 8. Juli 2017 mit unserem Miet-Lkw den Weg zu unserer Parzelle hochschlichen. Die Teile luden wir aus, während ein paar Hundert Meter weiter die mächtigsten Staatschefs der Welt per Flugzeug ihre Heimreise antraten. Wir konnten in einer Karten-App sogar einen Screenshot davon machen, was sie hätten sehen können. 35 exakt ausgerichtete Punktfundamente, eingerahmt von einem Schnurgerüst.

Der Weg dahin war ziemlich harte Arbeit. Erst einmal die Fläche, wo die Hütte stehen sollte, von Unkraut befreien, sie dann etwas ebnen und schließlich die Fundamente gießen. Wer geht denn bitte noch ins Fitnessstudio?! Die Frage stellen wir uns seit Tag eins unseres Kleingärtnernden-Daseins – und nicht zuletzt nach unserer Hauruck-ruck-zuck-Beton-Aktion.

Unsere Statikberechnungen – überprüft von Florians Vater – ergaben, dass wir für unsere Gartenhütte 35 Punktfundamente benötigten. Was das eigentlich ist? Ein Punktfundament ist ein auf einem Punkt gegossenes Fundament. Oft beschreibt es aber eine Anordnung von Fundamenten, die dazu da sind, die Last zum Beispiel einer Gartenhütte zu tragen und optimal verteilt in den Boden abzuleiten. Punktfundamente nutzt man auch für Zäune oder Unterstände wie etwa Carports. Wer in Norddeutschland wohnt und die Wäschespinne ordentlich befestigen will, sollte auch über eins nachdenken.

Wir gärtnern und heimwerkern nach dem sogenannten T-Prinzip. Heißt, wir häufen erst einmal irre viele Informationen an, dann entscheiden wir uns für einen Weg und tauchen darin komplett ab. So auch bei unseren Punktfundamenten. Diese Möglichkeiten hätte es noch gegeben:

1. Betonplatten verlegen: Ähnlich wie bei einer Terrasse verlegt man dafür Betonplatten nebeneinander, schlämmt sie ein und stellt anschließend ein Gebäude drauf. Hatten die Vorbesitzer unserer Gartenhütte auch. Vorteil: Geht relativ schnell und ist relativ günstig. Nachteil: Diese Version verdichtet den Boden zu sehr. Und wir wollten mehr Luft unter unserer Hütte, da wir Holzboden verwenden und Schimmelbildung vermeiden wollten.
2. Streifenfundament: Hier gießt man den Beton in Streifen unter die tragenden Wände. In unserem Fall hätten wir hier einmal ringsherum gegossen, sowie noch einmal quer unter der Hütte durch, da wir eine Wand einziehen wollten. Wäre auch gegangen, wir fanden aber die Punktfundamente etwas einfacher zu errichten. Nicht vergessen: Wir sind doch nur zwei Agenturmenschen!

Eine Fundamentplatte wie für »normale« Häuser ist im Kleingarten verboten. So eine Betonplatte lässt sich nur sehr schwer wieder entfernen und verdichtet außerdem den Boden – das wird in Schrebergärten nicht gern gesehen.

## Mathe-Crashkurs, oder auch: Geburt eines Schnurgerüsts

Bevor wir mit unseren Fundamenten loslegten, klickten wir uns durch etliche YouTube-Videos. Und nahmen auf Anraten von Florians Vater noch einmal genauestens Maß, denn eine der größten Herausforderungen beim Bau einer Hütte ist es, die Ecken rechtwinklig hinzubekommen. Deshalb errichteten wir ein Schnurgerüst. Und wissen nun, wofür es im Baumarkt diese rote Maurerschnur gibt! Diese Schnur dient nämlich als Orientierungshilfe. Man kann an ihr entlang erst einmal ein Fundament gießen und später dann die Wände aufbauen.

Auch hier gibt es wieder mehrere Wege, die nach Rom, äh, zum Hüttenzauber führen. Entweder, man kennt jemanden mit einem Lasermessgerät, das auch draußen funktioniert. Oder man nutzt ein überdimensioniertes Geodreieck. Oder man macht es wie wir, mit dem Satz des Pythagoras. Dazu braucht es nichts weiter als ein langes Maßband, pro Ecke drei Pflöcke sowie zwei Bretter, einen Hammer, ein paar Nägel, einen Vorschlaghammer und eben besagte Maurerschnur. Eine Rechenhilfe ist auch von Vorteil.

Wir bestimmten zunächst einmal die erste Ecke unserer zukünftigen Hütte. Etwa einen Meter entfernt davon schlugen wir unseren ersten Pfosten ein, von dem aus wir uns dann vorarbeiteten. Wir nutzten den Trick des 3-4-5-Dreiecks, um mit zwei weiteren Pfosten und zwei

Brettern einen rechten Winkel zu zaubern. Mit dem Maßband haben wir vom ersten Pfosten aus drei Meter in die eine und vier Meter in die andere Richtung gemessen. Die Strecke zwischen den beiden Punkten sollte dann fünf Meter betragen. Als alles zurechtgezuppelt war, schlugen wir die Pfosten ein und hämmerten die beiden Bretter dran. Dann zogen wir weiter zur nächsten Ecke und vollzogen hier dasselbe Prozedere. Dabei fühlten wir uns sehr fachmännisch – nicht zuletzt, weil viele der älteren Herrschaften aus den Gärten um uns herum zwischendurch mal herüberlugten und anerkennend nickten.

Dann war es an der Zeit, die Schnur zu spannen. Und wir waren nun doch ein wenig nervös, ob unser Plan aufgehen würde – so richtig verständliche Anleitungen hatten wir im Internet nämlich nicht gefunden. Die Schnur sollte auf der Höhe der Hüttenwände sitzen und dafür an den Brettern unserer Pfostenkonstruktion befestigt werden.

Um auch ja einen rechten Winkel zu bekommen, maßen wir noch mal ab der Hüttenecke, die wir uns vorher ausgeguckt hatten. Wir markierten uns in jede Richtung 4,8 Meter – so lang sollten die Hüttenwände werden – und nahmen dann zwischen den beiden Ecken Maß. Laut dem Satz des Pythagoras musste der Abstand 6,78 Meter betragen. Denn: $a^2 + b^2 = c^2$, also $\text{Hüttenwand eins}^2 + \text{Hüttenwand zwei}^2 = \text{Diagonale}^2$. So bestimmten wir Ecke für Ecke und spannten die Maurerschnur entlang unserer Abmessungen. Und siehe da: Unsere Berechnungen gingen auf. Puuuh, Schwein gehabt, wäre sonst ganz schön peinlich geworden vor den Nachbarn!

## Im Boden der Tatsachen

Nachdem wir das Gerüst so problemlos aufgestellt hatten, starteten wir euphorisiert in das Unterfangen Punktfundamente. Um sehr schnell auf dem Boden der Tatsachen zu landen – nicht zuletzt, weil wir gern mal über die Schnur stolperten. Dick und Doof lassen grüßen.

Vielmehr aber bewegten wir uns beim nächsten Schritt, den Fundamenten selbst, *im* Boden. Bei der Übernahme des Gartens hatten wir erfahren, dass sich in den Fünfzigerjahren an der Stelle unserer Parzelle eine Müllhalde befunden hatte. Wir waren also auf einiges gefasst, liehen uns einen Erdbohrer aus und machten uns ans Werk. Nach den ersten paar Bohrversuchen beschlich uns das Gefühl, es läge der komplette Bombenschutt Hamburgs unter unserer Parzelle. Tatsächlich lagerte im Boden nicht nur uralter Abraum, sondern auch Teile des Hauses sowie die Einrichtung unserer Vorpächterin. Die war – wie einige in unserem Gartenverein – nach dem Krieg wegen Wohnungsknappheit auf die Halde gezogen. Als sie von der Parzelle wegzog, wurde ihr Haus abgerissen und die Baugrube mit einigen Tonnen Erde gefüllt.

Ich wagte mich an den Erdbohrer, um ihn einmal auszuprobieren, und gab relativ schnell auf: Wenn man nicht fest genug dagegenhielt und auf einen Stein oder ein sonstiges Hindernis stieß, schleuderte es einen einfach mit dem Bohrer herum – ähnlich wie beim Drehwurm-Karussell auf dem Kinderspielplatz. Also musste Florian zunächst mal allein ran, um die Löcher vorzubereiten. Ich zückte dann Spaten und Schaufel, um sie auf die benötigte Breite und Tiefe zu bringen. »Teamwork makes the dream work«, oder wie heißt es so schön?! Wann immer Florians Gefluche zu laut wurde und er auf Granit – oder eher Schutt – im Boden traf, gingen wir der Ursache gemeinsam auf den Grund. Manchmal waren es wie gesagt nur Steine, die sich unglücklich unterm Bohrer verkeilt hatten. Die bekamen wir mit einem Spaten meist schnell gelöst. Das Highlight oder vielmehr Lowlight: ein alter Kochtopf, der uns richtiges Kopfzerbrechen bereitete. An einer Stelle wollte und wollte der Bohrer nicht weiter als 50 Zentimeter in die Erde. Also grubberten wir per Hand und Spaten nach. Einiges Fluchen und Graben später stießen wir plötzlich auf Metall. Oh Gott, eine Weltkriegsbombe?! Nein, nur ein Topf von Großfamilien-Kaliber, mit Ziegelsteinen, einer Weinflasche und Erd-Schlacken-Gemisch gefüllt. Alles ineinander verkeilt und vom Abrissbagger schön fest in den Boden gewalzt. Wir schabten und grubberten weiter, legten den Topf nach und nach frei. Immer wieder versuchten wir, ihn von unten zu lockern und mithilfe des Spatens und der Schaufel aus dem Loch zu bekommen. Wär doch gelacht, wenn unser Projekt an so einem ollen Kochtopf scheitert! Angetrieben von einer Mischung aus Wahn und Wut, rissen wir das Ding irgendwann erfolgreich an die Erdoberfläche. Wieder einmal fast slapstickreif, denn bei all dem Ziehen und Zerren gingen wir mehrmals zu Boden. »Den Topf heben wir auf, oder?«, fragte Florian – sozusagen als Andenken an unsere Bemühungen. Wir merkten aber schnell: Wenn wir jedes Teil, das uns bei dem Projekt Punktfundamente im Weg liegt, aufbewahren, können wir demnächst ein Museum – oder einen Schrottplatz! – eröffnen. Also ab auf den Haufen mit dem anderen

Zeug, das wir ein paar Wochen später zum Recyclinghof fuhren.

Peu à peu entstanden an einem Wochenende 35 Löcher mit einem Durchmesser von etwa 30 und einer Tiefe von 80 Zentimetern. Die muss übrigens sein, damit sich unter dem Fundament kein Wasser sammeln kann, das dann gefriert und das Fundament von unten hochdrückt. Sagte Florians Vater. Zur Sicherheit bedeckten wir den Boden der Löcher noch mit Schotter und stampften diesen fest. In Ermangelung des geeigneten Werkzeugs nahmen wir dafür einen Zaunpfosten, den wir einfach umdrehten und wie einen Rammbock benutzten. Geht auch!

Damit unsere Fundamente hinterher schön gleichmäßig werden und wir Beton sparen würden, zimmerten wir noch Schalungen aus Restholz unserer Beet-Bau-Aktion und Brettern, die wir uns mit dem Material für das Fundament hatten liefern lassen. Das war gerade noch rechtzeitig angekommen.

## Auf der Suche nach Passierschein A38

Bei der Bestellung des Materials kamen wir uns vor wie Asterix und Obelix auf der Suche nach dem Passierschein A38, eine schier unlösbare Aufgabe, bei der wir von A nach B irrten wie die Comicfiguren. In einem Baumarkt in der Nähe unseres Kleingartens gab es zehn Prozent Rabatt – perfekt für den umfangreichen Einkauf, den wir dort tätigen wollten. Die Gebühren für die Lieferung würden wir durch den Nachlass quasi direkt einsparen. Es gab noch zwei andere Möglichkeiten: Das Holz durch eine Spedition liefern lassen oder Beton und Co. selbst einkaufen und in den Garten transportieren. Aufgrund des hohen Gewichts des Betons hätte dies wiederum mehrere Fahrten bedeutet – es sei denn, einer von uns hätte noch schnell einen Lkw-Führerschein gemacht. Leider gar nicht, leider nein.

Wir benötigten schlappe 105 Säcke Beton, das waren zwei Paletten und neun Säcke extra. Dazu 14 Kanthölzer mit 2,5 Meter Länge, die etwa acht mal zehn Zentimeter stark waren. Stahl zur Befestigung unserer Fundamente ließen wir uns ebenfalls liefern, genauer: 35 Stahlstangen von einem Meter Länge. Dazu kamen 35 Pfostenträger, um die Kanthölzer im Beton zu verankern. Und zu guter Letzt noch 14 Latten, für die Unterkonstruktion unseres Fußbodens. Im Baumarkt suchten wir alles heraus und meldeten dann einen Lieferungswunsch an. Die Kollegen dort zeigten sich verwirrt über zwei Dinge: Wieso zwei Privatpersonen solch eine Menge an Material benötigten und wie der Lieferungsprozess eigentlich ablaufen würde – der zuständige Kollege sei nämlich krank und fiele länger aus, Rücken halt. Wir bekamen eine E-Mail-Adresse mitgeteilt und sollten die Bestellung noch einmal schriftlich tätigen. Was wir auch taten. Telefonisch teilte man uns ein paar Tage später mit, der Beton sei eine Herausforderung. Man müsse mehr als einmal fahren, unser Wunschtermin an einem Freitagnachmittag sei damit schon einmal nicht möglich. Außerdem würde unsere Lieferung wegen der beginnenden Urlaubszeit – es war inzwischen Mitte Juni – etwas nach hinten herausgeschoben. Bis Anfang Juli sollte das Material aber bei uns sein. Die Spedition würde sich ein bis zwei Tage vor der Fahrt bei uns melden. Das brachte uns gleich doppelt ins Schwitzen. Am zweiten Juli-Wochenende hatten wir uns zum Abbau der Hütte in Süddeutschland mit dem bisherigen Besitzer und Bauherrn verabredet. Florians Vater und Bruder hatten sich Zeit freigeschaufelt, der Lkw für den Transport gen Norden war bestellt.

Wir hatten Glück: Laut Spedition sei der gewünschte Freitagstermin kein Problem. Wurde es dann aber doch. Als der Lkw rückwärts auf dem Parkplatz vor unserem Kleingarten angerollt kam, fiel uns auf: Statt der bestellten 105 Säcke Ruck-Zuck-Beton mit jeweils 25 Kilogramm Gewicht lagen dort 105 Säcke Estrich. Zwar auch ruckzuck anzurühren, aber jeweils nur zehn Kilogramm schwer und für unser Projekt nicht geeignet. Wir reklamierten. »Echt jetzt? Ach du Scheiße!«, brach es aus dem Fahrer heraus. »Ich muss direkt weiter, nach Harburg.« Ans andere Ende der Stadt. Und das am Freitagnachmittag. Dass er außerdem wahrscheinlich zweimal würde fahren müssen, weil unsere Bestellung mehr als das Doppelte wog – geschenkt. Auf einmal sehr in Eile, schob der Fahrer die Hölzer und die Stahlteile von der Ladefläche auf den Parkplatz. Dabei schwankte der Wagen einige Male wild hin und her. »Bis gleich!«, rief unser Lieferant und fuhr, so schnell es die Spurrillen im Weg durch unseren Kleingartenverein erlaubten Richtung Baumarkt. Wir verräumten das gelieferte Material und warteten auf die Rückkehr des Fahrers. Wenig später kam der an, völlig verschwitzt, aber immerhin mit der richtigen Ladung – zwei volle und eine fast leere Palette Ruck-Zuck-Beton. Eilig fuhr er die erste Palette auf die Hebebühne. Okay, *jetzt* schwankte der Lkw wirklich. Staunend standen wir daneben und schauten zu, wie der Fahrer fluchend die schwere Fracht auf dem Parkplatz abstellte. Zweimal sah es so aus, als würde er gleich über den Rand der Hebebühne rollen, während die herunterfuhr. Was wohl passiert, wenn einem eine Palette mit 1200 Kilogramm Beton auf den Füßen landet?! »Bisschen schwer«, ächzte der Fahrer und zog sein komplett verschwitztes T-Shirt aus, bevor er die zweite Palette von der Ladefläche rangierte. Ob wir ihm helfen könnten? »Besser nicht, wegen der Versicherung«, sagte er und grinste. Wieder schauten wir ihm dabei zu, wie er sich abmühte, die Palette in Richtung Boden zu bringen. Wir trauten uns kaum, hinzusehen. Blieben aber stehen, falls er sich verletzen sollte.

Mit Hängen und Würgen – wie viel Rangier-Gerangel vertragen eigentlich die Achsen eines solchen Lkws?! – schaffte es schließlich auch die zweite Palette auf unseren Parkplatz. Also den unserer Nachbarn, wir durften diesen netterweise für die Lieferung besetzen. Die dritte Palette war dagegen ein Klacks: Mit nur neun Säcken Beton drauf ließ sie sich sehr viel einfacher handeln als die beiden vollgepackten zuvor.

»Hier unterschreiben bitte«, sagte der keuchende Fahrer und hielt uns ein Klemmbrett hin. »Ach so: Habt ihr leere Paletten? Ist ja Pfand drauf.« Eine konnten wir ihm im Tausch mit unseren drei neuen anbieten. Unsere zwei übrigen benötigten wir selbst, um die ganzen Hölzer wetterfest zu lagern. »Mist«, fluchte der Fahrer, »hab sie beim Baumarkt versprochen. Ach, egal, ich muss weiter. Viel Glück euch!« Und damit schwang er sich ins Fahrerhäuschen und brauste los. Wenig später rief uns der Baumarkt an – Qualitätssicherung. Ob wir zufrieden mit der Lieferung seien. »Nachdem der Fahrer noch mal umgedreht ist und das Richtige gebracht hat, sehr«, sagte Florian und erklärte der Anruferin die Beton-Estrich-Verwechslung. »Upsi«, sagte er, als er auflegte. Dass er erst die falsche Ware gebracht hatte, war nicht das Problem des Fahrers, dafür musste der Baumarkt geradestehen. Dass er uns aber in einer Tour den kompletten Beton geliefert hatte, würde wohl ein wenig Ärger nach sich ziehen. Laut Zulassung des Wagentyps sei das wohl zu schwer gewesen. Und abgerechnet hätte die Spedition wohl von vornherein zwei Touren. Wir hatten ein schlechtes Gewissen, weil wir den Fahrer angeschwärzt hatten, ohne drüber nachzudenken. Wobei: Hatten wir nicht extralang auf unseren Termin gewartet, weil die Lieferung angeblich so kompliziert war?! Das Grübeln hörte endgültig auf, als wir – wieder einmal – schwitzend Schubkarre um Schubkarre unser Baumaterial in den Garten verfrachteten.

## Sag mal, schwitzt du oder ist das der Regen?

Nervenaufreibender als die Lieferung des Materials konnten die Punktfundamente selbst ja nicht werden. Oder?! Wie naiv wir doch waren! Denn am Samstag drauf standen wir in feinstem Hamburger Sommerwetter – nervtötender Nieselregen – auf unserer Hüttenbaustelle und rührten Ruck-Zuck-Beton an (das Produkt heißt wirklich so!). Der Vorteil: Der Beton wird in null Komma nix trocken. Der Nachteil: Der Beton wird in null Komma nix trocken – lange herumbummeln ist also nicht!

Drei Säcke à 25 Kilogramm hatten wir pro Loch kalkuliert. Die zu verarbeiten rief bei mir Erinnerungen an meinen Studi-Job als Barkeeperin hervor: Es wird gerührt, geschüttelt – und in diesem Fall mit Holzbalken-Garnitur versehen.

Erst mischten wir den pulverigen Beton mit Wasser, dann wurde kräftig gerührt. Oder eher geschoben. Wir nutzten eine große rechteckige Maurertonne, in der wir mit einer Schaufel Trocken und Nass vermischten. Dann ließen wir die Masse in eins der Löcher fließen. Mit einem Haselnussstecken stocherten wir in der Schlotze, sodass die Luft herauswich. Dann kam ein Stück Bewehrungsstahl hinein. Anschließend rührten wir noch etwas mehr Beton an, gossen das Loch bis an den Rand der Schalung voll und stocherten noch einmal nach. Als Garnitur setzten wir dann die Balken Reihe für Reihe auf. Insgesamt sieben Balken mussten wir versenken. An diese hatten wir vorher Pfostenträger geschraubt, sodass sie festsaßen. Nicht nur stabil mussten sie sein, auch gerade ausgerichtet, denn auf den Hölzern sollte später die Hütte aufliegen. Weshalb wir sie auch im Wasser austarierten. Im wahrsten Sinne des Wortes: Zwischendurch verwandelte sich der leichte Nieselregen in monsunartige Schauer, die uns immer wieder zu Pausen zwangen. Schon bald wussten wir nicht mehr, ob wir uns Schweißperlen oder Regentropfen von der Stirn wischten.

Die Beton-Aktion abzubrechen war keine Option – wir hatten einen ziemlich straffen Zeitplan. Die Fundamente mussten rechtzeitig fertig werden, bevor wir die Hütte abholen und aufbauen würden. Wir fühlten uns etwas gestresst. Der Regen weichte so langsam unsere Kleidung durch und zermürbte unsere Stimmung, eine Pause wäre eigentlich dringend nötig gewesen. Wir beschlossen aber, es einfach durchzuziehen. Unsere Laune war auf dem Tiefpunkt, als unsere Nachbarin Helga, Alfreds Frau, am Zaun auftauchte: »Wollt ihr euch vielleicht mal unterstellen?« Nur zu gerne! It takes a village to build a Kleingartenlaube. Als sie jetzt nämlich unsere langen Gesichter sah, grinste Helga. »Setzt euch ruhig, ich komm gleich wieder.« Sie verschwand in ihrem Häuschen und kehrte mit einer Thermoskanne Kaffee, zwei Bechern und einem Teller Haferkeksen zurück. Unsere Rettung! Verschmiert, wie wir waren, ließen wir uns auf ihre Gartenstühle fallen. »Kann man wieder sauber machen«, murmelte Helga und ging wieder ins Haus. »Ich habe Besuch da«, erklärte sie.

Von unserer kleinen Stärkungsstation aus beobachteten wir den Himmel und unsere Wetter-Apps. Bei nachlassendem Regen spurteten wir zu uns rüber und arbeiteten weiter. So kämpften wir uns Loch für Loch, Reihe für Reihe durch das Projekt. Beim nächsten Schauer flüchteten wir wieder unter den Pavillon. Helga füllte in der Zwischenzeit Kaffee und Kekse nach und winkte uns immer wieder aufmunternd zu.

Als das letzte Fundament geschüttelt, gerührt und gestochert war und die Balken saßen, deckten wir alles mit einer Folie ab – Beton soll weder zu nass werden noch zu schnell trocknen. »Fertig?«, fragte Helga, als wir unsere Sachen unter ihrem Pavillon aufsammelten. Völlig fertig, aber stolz auf unsere Leistung. »Aber so was von«, antworteten wir schnaufend. »Die Kekse sind nun auch alle«, stellte sie fest und lachte.

Der Wettergott blieb uns während des gesamten Hüttenaufbaus konstant wohlgesonnen – NOT. Bei strahlendem Sonnenschein setzten wir uns eine Woche später in den Zug Richtung Süddeutschland. Dort wollten wir die Gartenlaube abbauen. Kuschelige 37 Grad waren es an dem Tag, an dem wir uns beim Vorbesitzer trafen. Dem hatte die Hütte bis dahin als Treffpunkt für seine Motorrad-Truppe gedient. Unser Glück, denn Eugen hatte direkt Radler und Bier kaltgestellt – »für die fleißigen Handwerker«. Wir zeigten ihm unsere Pläne, die Hütte etwas aufzustocken, sowie Fotos aus dem Kleingarten. »Ach, ich freu mich, dass ihr die übernehmt«, sagte er, »wäre ja schade um die schöne Hütte!« – Er plante einen Umbau seines Hauses, die Hütte stünde Baggern und Lkw im Weg. Seine Truppe würde sich von nun an im Partykeller treffen müssen. »Gibt Schlimmeres, oder?!«, fragte er und lachte.

Er erklärte uns, wie man die Hütte demontiert. Und rettete ein paar Motorrad-Devotionalien, die noch an den Wänden hingen. Ich machte schnell noch ein paar Fotos und nummerierte die Hölzer durch, dann ging's schon los, das lustige Abbauen. Das Aufwendigste war das Dach: Hier musste zunächst die Pappe herunter, die bei den Temperaturen schön klebte. Dann hebelten wir Latte für Latte das eigentliche Dach und anschließend die Dachbalken ab. Der Rest der Hütte war ein Klacks. Die Wände bestanden nach klassischer Blockbohlen-Hütten-Art aus Balken, die ganz einfach aufeinandergesetzt waren. Als Türen und Fenster ausgebaut waren, zerlegte sich die Laube quasi von allein. Wir arbeiteten zu viert, innerhalb von eineinhalb Stunden waren wir fertig. Ob der

Wiederaufbau auch so schnell vonstattengehen würde?! Kleiner Spoiler an dieser Stelle: Nein, natürlich nicht!

Wir verluden das Material auf den Lkw, den wir extra dafür ausgeliehen hatten. Da wir erst am nächsten Morgen nach Hamburg losfahren würden, hatten wir noch Zeit, im Fundus von Florians Vater zu stöbern. Hier nahmen wir besagte Fenster für unser geplantes Gewächshaus mit und entdeckten einen Apothekerschrank. Dieser musste lediglich einmal abgeschliffen und geölt werden. »Sollen wir ihn einladen?«, fragte Florians Vater und zeigte uns dann noch ein Wandschränkchen mit Schubfächern aus Glas und Aluminium, wie man sie oft bei alten Küchenschränken sieht. »Ist noch von der Oma«, erklärte er und stellte das Schränkchen ebenfalls auf die Ladefläche.

Die ersten Einrichtungsgegenstände hatten wir also schon – fehlten nur noch die Wände und das Dach und der Fußboden unserer Gartenhütte. Also eigentlich alles.

## Vier Wände und irgendwann mal ein Dach

Wieder zurück in Hamburg und inzwischen unbeobachtet von Reiterstaffel, Hubschrauber-Korso und Donald Trumps Air Force One, stellten wir in Rekordzeit den Korpus unserer Secondhand-Hütte auf. Das Schnurgerüst erfüllte seinen Job und half uns, alles schön rechtwinklig hinzubekommen. Der Vorteil, dass sich die Maurerschnur nun am Holz entlangwand? Wir stolperten nicht mehr so oft drüber. Dafür übten wir uns während des Hüttenaufbaus im Balancieren – nämlich auf dem Wirrwarr der Kanthölzer, die nun die Hütte trugen, sowie der Latten, die wir als Unterkonstruktion des Fußbodens darauf anbrachten.

Auf eins dieser Kanthölzer setzten wir senkrecht mehrere Balken. So sollte aus der Ein-Raum-Hütte eine Dreieinhalb-Zimmer-Laube werden. Wir wollten zwei Wände einziehen, sodass wir am Ende einen großen Raum, eine kleine Toilette und eine Werkstatt erhalten würden. Über Werkstatt und Toilette sollte mithilfe einer Deckenkonstruktion ein Schlafboden entstehen – schließlich wollten wir im Sommer auch mal im Garten übernachten. Damit wir uns dabei nicht wie in Hobbingen fühlen würden, war der Plan, unsere Recyclinghütte nach oben hin zu strecken. Wir wollten die per Kleingartengesetz erlaubte maximale Firsthöhe einer Gartenlaube mit Satteldach – 3,60 Meter – voll ausnutzen.

Zunächst stellten wir also die Balken auf, die wir mit Winkeln schön stabil befestigten. An die Balken schraubten wir dann OSB-Platten und zogen so eine Wand ein. Die Trennwand zwischen Werkstatt und Toilette entstand auf dieselbe Weise. Auch die Zwischendecke zimmerten wir aus OSB-Platten zusammen. Damit uns diese auch tragen würde, setzten wir auf die Wand noch eine Rahmenkonstruktion aus weiteren Kanthölzern. Bis hierher gestaltete sich die Mission Hütten-Umbau als sehr machbar und nicht allzu knifflig für uns Hausbau-Neulinge. Das Dach der Gartenlaube bereitete uns hingegen etwas mehr Kopfzerbrechen.

Zunächst einmal schlug das Wetter von brütend heiß und sonnig um auf den schon sehr gut bekannten Nieselregen mit kräftigen Schauern hier und da. Was uns trotzdem in den Garten trieb: Wir hatten uns ein paar Tage freigenommen. Ein Freund von uns hatte ebenfalls frei und seine Hilfe angeboten. Dazu kam, dass wir uns bei mehreren Gartennachbarn Leitern und gerüstähnliche Konstruktionen ausgeliehen hatten. Deren Großzügigkeit wollten wir nicht allzu lang ausnutzen. Und: Wir hatten sehr viel Baumaterial im Kleingarten herumliegen. Zwar mit Planen vor Wetter und neugierigen Blicken geschützt, doch da wir immer wieder von Diebstählen auf den Parzellen hörten, wollten wir unser Glück nicht überstrapazieren und stattdessen das Projekt an einem Stück durchziehen. Und so trafen wir uns am Samstag nach dem großen Süd-Nord-Hütten-Export mit unserem Kumpel im Garten. Um uns zwei Stunden später völlig entkräftet zu Hause auf die Couch zu lümmeln und Essen zu bestellen. Im strömenden Regen hatten wir das Bau-Material gesichtet und sortiert sowie Leitern und ein Gerüst aus zwei Metallböcken und einer sehr schweren Gerüstbohle aufgestellt. Der Niederschlag hatte uns dann aber so viel Kraft gekostet und uns so demotiviert, dass wir beschlossen, auf besseres Wetter zu warten.

Am Sonntag sah es dann auch etwas freundlicher aus, es nieselte immerhin nur. Wir errichteten ein provisorisches Zelt aus Abdeckplanen – darunter konnten wir sägen, ohne nass zu werden. Und unsere gute Säge dem Wettergott zu opfern. Sägen mussten wir einiges: Wir verbauten für die Giebel OSB-Platten, und zwar doppelt, indem wir sie aneinanderleimten und verschraubten. Diesen Aufwand betrieben wir, weil wir so mit relativ wenig

Material schnell auf dieselbe Stärke kamen, die die Wände unserer Hütte hatten. Und um später genug »Masse« zu haben, die das Dach tragen würde.

Den hinteren Giebel aufzubauen gestaltete sich sehr viel einfacher, als den vorderen Giebel zu errichten. Dank unserer Wand- und Deckenkonstruktion konnten wir im hinteren Part der Hütte relativ bequem von zwei Seiten aus arbeiten. Für den vorderen Teil der Hütte mussten wir zunächst einmal halbwegs sichere Leiter- und Gerüst-Lösungen finden. Schließlich tasteten wir uns von der Seite aus OSB-Platte für OSB-Platte vor. Und freuten uns über die Leihgabe unseres Nachbarn Alfred: die Weltkriegsstufen. So tauften wir eine Klappleiter aus wettergegerbtem Holz, die mindestens so alt zu sein schien wie unser Nachbar, aber immerhin hoch genug war, um uns arbeitsfähig zu machen – anders als das Behelfsgerüst. Und die wir nicht zwingend anlehnen mussten, so wie die hohe Leiter unseres Sommerschreber-Nachbarn.

Die Giebel verbanden wir mit den Original-Pfetten, also Dachbalken, die zum Glück noch passten. Aber uns ganz schön zum Fluchen brachten. Während ich auf der Zwischendecke des Schlafbodens stand und die Balken in den Ausschnitten im Giebel einhängte, mühten sich Florian und unser Kumpel damit ab, sie von unten anzureichen. Die Balken waren zum einen sauschwer – da half es auch nicht, dass die Fußbodenkonstruktion so zum Stolpern einlud. Wir legten Platten aus, damit wir alle uns sicherer auf dem noch nicht vorhandenen Boden bewegen konnten. Allzu viel Zeit konnten wir uns mit dem ganzen Prozedere nicht lassen, denn die OSB-Platten waren zwar auf den Flächen lackiert, die Kanten hingegen nicht komplett versiegelt und mehr als empfindlich gegen Regen. »Schneller schrauben«, sagte unser Freund trocken, »hilft ja nix.« Unsere Nachbarn hatten wir zum Glück vorgewarnt, sodass sie ein Auge und beide Ohren zudrückten, als Säge- und Schrauber-Geräusche die Feiertagsruhe störten.

Als es am Montagnachmittag wieder anfing, in Strömen zu regnen, hielten wir drei kurz Kriegsrat. Aufhören oder durchziehen? Wir bemerkten: Waren wir erst einmal eingespielt, war es auch egal, dass wir beim Schrauben nass wurden. Also zogen wir durch. Und bewunderten am Abend unsere Hütte, die nun Außenwände, einen Giebel und sogar so etwas wie ein Dach hatte. Hierfür hatten wir die Bretter des Originaldachs verwendet, das wir noch verlängerten. Gedeckt wurde das Dach zunächst einmal mit unseren Abdeckplanen. Wir radelten schnell heim und duschten, um uns später noch einmal mit unserem Kumpel zu treffen – ein Burger-Festessen auf unsere Kosten, nebst Projektnachbesprechung. »Wahnsinn, was man so schaffen kann an ein paar Tagen«, stellte unser Kumpel fest. »Habt ihr vorher schon mal ein Haus gebaut?!«

## *Zahlen und Fakten rund um Lauben im Kleingarten*

Steht auf einer Parzelle noch keine Gartenlaube, müssen die Pachtenden innerhalb von zwei Jahren eine aufstellen.

Die überdachte Fläche von Gartenhütten im Kleingartenverein darf nicht größer sein als 24 Quadratmeter. Ein Tipp unseres Vereinsvorstands: Die Größe der Hütte möglichst ausreizen, schließlich soll neben einem »Wohnraum« auch noch ein Toilettenraum und ein Abstellraum für Werkzeuge hineinpassen. Die Terrasse lässt sich auch anders wetterfest gestalten, etwa durch eine Markise, die vor Sonne und Regen schützt. Noch wohnlicher wird die Terrasse mit einem Geländer, das als Sicht- und Windschutz dient.
Übrigens: In Hamburg ist es nicht erlaubt, einen Frischwasser-Anschluss *in* der Hütte zu haben. Auch ein Abfluss für Toilette oder Spülbecken sind nicht gestattet.

Beim Aufstellen der Hütte müssen jeweils 2,5 Meter Abstand zu den Grundstücksgrenzen eingehalten werden. Geschüttete Fundamente sind nicht zulässig, die Laube muss auf einem Sockelfundament wie etwa einem Punktfundament errichtet werden.

Je nach Form des Daches sind diese Höhen erlaubt:
- Flach- oder Pultdachlauben: maximal 2,75 m
- Satteldachlauben: maximal 3,6 m
- Nur-Dachlauben (A-Frame-Hütten): maximal 4 m

(Quelle: Landesbund der Gartenfreunde in Hamburg e. V. In anderen Bundesländern können andere Bestimmungen gelten.)

## »Bei euch flattert's«

Ob wir schon mal ein Haus gebaut hätten? Nö, haben wir nicht. Was wir in den darauffolgenden Wochen auch immer wieder bemerkten. Denn vieles machten wir zum allerersten Mal. So ein Dach zu decken zum Beispiel. Hier warf uns das Wetter immer wieder in der Planung zurück. Und die mühsam angenagelte Dachpappe nach nicht einmal zwei Tagen wieder ab. »Bei euch flattert's«, informierte uns Vereinsvorstand Walter am Telefon. Es war Freitagnachmittag, wir wollten in zwei Stunden im Zug zu einer Hochzeit sitzen. Panisch sprang ich auf mein Rad und flitzte in den Garten. Um festzustellen, dass der Wind eine Bahn Dachpappe abgerissen hatte, die nun am seidenen Faden von der Dachrinne baumelte. Also Leiter aus der Hütte holen, draufkraxeln und mit einem Cuttermesser die Reste der Pappe sauber abschneiden. Feststellen, dass das Stück Pappe kaputt ist. Feststellen, dass der Rest Dachpappe auf der Rolle, die noch im Kleingarten lagert, nicht mehr reicht, um das Dach zu flicken. Entnervt aufgeben, die Leiter zurückstellen und schnell nach Hause zurückflitzen. Um dann den Koffer zu schnappen und erst im Stechschritt zur U-Bahn und anschließend in die Bahn zu hetzen. Puuuuuh. Reparieren würden wir den Schaden ein andermal müssen. Nämlich nach dem nächsten Trip in den Baumarkt, bei dem wir nicht nur eine weitere Rolle Dachpappe mitnahmen, sondern auch die restlichen Wellpappe-Dachplatten, die uns noch fehlten. Sowie Bitumenkleber, um alle Ränder und Ecken schön wind- und wetterfest zu bekommen.

Allein die Teerpappe noch einmal anzubringen und zu verkleben kostete uns fast einen Tag. Und mich einige Nerven – mit Höhenangst arbeitet es sich in 3,6 Meter Höhe ohne Gurt und sonstige Sicherung nicht allzu gemütlich. Wir waren sehr froh, als sich ein weiterer Kumpel anbot, uns zur Hand zu gehen. »Ich bin aber so gar kein Handwerker«, warnte er uns vor. Macht nichts, zwei linke Hände, denen die Höhe nichts ausmacht, sind besser als eine rechte und eine linke, die konstant zittern und zu verschwitzt sind, um Nägel und anderes Material zu halten.

Während Florian und Kumpel auf dem Dach hämmerten, klebten und schraubten, bereitete ich auf dem sicheren Boden weitere Arbeiten an der Hütte vor. Toilette und Werkstatt benötigten je ein Türloch, das ausgemessen und angezeichnet werden wollte. Ein zweites Fenster – eins unserer Kleinanzeigen-Funde! – sollte den großen Raum erhellen. Auch hier musste die Stelle bestimmt, ausgemessen und angezeichnet werden. Und schließlich wollten wir auch noch Wände aufbauen – dazu brauchte es entsprechend zurechtgesägte Platten.

Bis die Hütte wirklich fertig und als solche nutzbar war, standen noch einige weitere To-dos an:

- Die Hütte streichen – von innen wie von außen!
- Den Fußboden einziehen: Im Gegensatz zu den meisten Arbeiten rund um die Hütte ein Klacks und viel schneller erledigt als gedacht.
- Eine Toilette einbauen.
- Die Werkstatt einrichten – mit geschenkter Werkbank, aus dem Keller ausrangierten Regalen sowie selbst gebauten Gartengerätehalterungen.

- Den Schlafboden mit etlichen Schichten Klarlack versehen, um ihn kratzfest zu machen.
- Ein Geländer aus Dachlatten vor dem Schlafboden einziehen.
- Stromkabel verlegen, Steckdosen und Lampen montieren.

## Schrebergarten-Braun, anyone?!

Bei unseren Werkeleien stießen wir immer wieder mal auf nicht vorherzusehende Hindernisse. So zum Beispiel beim Streichen unserer Gartenlaube. Wir waren mit dem Vereinsvorstand verabredet, Florian sollte die Plakate für das Kinder-Sommerfest gestalten. Während wir mit Walter plauderten, radelte Nachbar Friedrich vorbei. Er wollte an dem Nachmittag noch ein Gespräch. »Es geht auch um euch«, sagte er mit Blick auf uns. »Um uns?«, fragten wir nichts ahnend zurück. »Ja. Ich möchte mich offiziell beschweren. Die Farbe, mit der ihr eure Hütte streicht – die geht ja mal gar nicht«, sagte Friedrich und fuhr fort: »Aber das kläre ich mit Walter.« »Nichts da«, antworteten wir, »das klären wir jetzt alle zusammen!« Was das Problem mit der Farbe sei, wollten wir wissen. Friedrich fand: »Schwarz ist keine schöne Farbe für eine Gartenhütte. Und ziemlich sicher auch nicht erlaubt.« Wir waren ziemlich sicher, dass wir dunkles Graublau verwendeten. Und ziemlich sauer: Erstens darüber, dass sich Friedrich direkt beim Vorstand beschwerte, anstatt erst einmal mit uns zu sprechen. Und: Wir hatten nachhaltige Farbe gekauft, die sehr teuer war. Sollten wir die

Hütte – aus welchem Grund auch immer – nun überstreichen müssen, hätten wir mehrere Hundert Euro verschwendet. Außerdem waren wir mit dem ersten Anstrich so gut wie fertig – alles noch mal von vorne angehen zu müssen wäre ein ziemlich herber Rückschlag gewesen. Was wir auch direkt äußerten. Walter beschwichtigte. Es schien nicht der erste Konflikt zu sein, der ihm so plötzlich vor die Füße geworfen wurde. »Ich komme nachher mal rum, dann schauen wir uns die Farbe zusammen an«, versprach er.

Auf dem Rückweg zum Garten diskutierten wir mit Friedrich weiter über die Farbe. »Viel zu dunkel sieht das aus«, schimpfte er. Und unnatürlich sei der Farbton noch dazu. Er empfahl uns ein fröhliches Gelb oder »ein schönes Braun«, so wie man es an vielen Gartenlauben sehe. Wir konnten es kaum fassen. Das furchtbare Schrebergarten-Braun soll schöner – und vor allem heller – wirken als unsere Farbe? Vor unserer Gartenpforte wartete Gerda, Friedrichs Frau. »So schlimm sieht das doch gar nicht aus«, versuchte sie zu beschwichtigen. »Friedrich, jetzt lass die jungen Leute doch …« Aber Friedrich wollte von seiner Position nicht abrücken. Wir ja auch nicht. Wir legten eine Streichpause ein und rupften erst einmal Unkraut. Das befreit. Wenig später kamen Walter und seine Frau vorbei – »Jetzt wollen wir doch mal gucken.« Dunkel fanden sie die Farbe auch – aber laut Verordnungen sprach nichts gegen ein dunkles Grau. »Ist ja ein Stück weit Geschmackssache«, hielt Walter fest. Da wir zudem noch Türen und Fenster weiß streichen sowie die Giebel mit weißen Schmuckleisten aufhellen wollten, waren die beiden relativ schnell überzeugt:

»Weitermachen!« Und Friedrich? »Mit dem reden wir noch mal.« Puuuh. Auf den Schreck mussten wir erst einmal durchatmen. Kopfschüttelnd nahmen wir das Streichen wieder auf. Was uns wirklich am meisten ärgerte war, dass Friedrich nicht einfach direkt mit uns gesprochen hatte. Wir fühlten uns wie Kinder, die eine Dummheit begangen hatten und deren Eltern nun alles für sie geradebiegen mussten.

Ein paar Tage gingen wir unseren Nachbarn aus dem Weg. Dann stand Friedrich auf einmal im Garten: »Ich wollte mich entschuldigen. Das war nicht okay, ich hätte erst mit euch reden sollen. Meine Frau hat mir noch mal gehörig den Kopf gewaschen!« Eins wolle er aber festhalten: »Die Farbe finde ich immer noch zu dunkel. Aber wir werden ja irgendwann aus unserem Haus ausziehen, ihr bleibt bestimmt noch länger als wir.« Unsicher, was wir davon halten sollten, schauten wir uns an. »Jetzt lass doch«, rief Gerda über die Hecke. »Wir finden ganz toll, was ihr da leistet. Dann können wir uns auch mit der Farbe anfreunden. Sie sieht auch schon viel heller aus im Sonnenlicht«, befand sie. »Oder Friedrich?« Wir schüttelten Hände mit Friedrich und trafen so scheinbar ein Abkommen, in Zukunft kein Wort mehr über die Sache zu verlieren.

Erleichtert, dass dieser Konflikt fürs Erste überwunden war, brachten wir die Streicherei zu Ende. Gut so, denn um die Hütte herum taten sich immer wieder Dinge auf, die dringend zu erledigen waren und uns von unserer Baustelle ablenkten. Nicht zuletzt wollten wir ja neben dem Projekt Gartenhütte auch noch das Projekt Bauerngarten vorantreiben.

So kam es, dass unsere Terrasse über zwei Jahre lang aus mehreren Paletten bestand. Die hatten wir vor die Hütte gelegt, da diese relativ hoch ist und wir nicht immer hineinstolpern wollten.

Wie wir trotzdem motiviert blieben und immer wieder neue Projekte in und um die Hütte herum in Angriff nahmen? Indem wir uns ganz bewusst Pausen gönnten, innehielten und einfach den Moment genossen. Auch wenn wir dazu erst einmal auf einer improvisierten Paletten-Terrasse saßen. So oft es ging, stießen wir nach Feierabend mit unseren fleißigen Helfer-Freunden an, legten die ersten selbst gezogenen Gemüse auf den Grill und veranstalteten ein Picknick auf dem nicht ganz so perfekt gemähten Rasen.

Was uns außerdem half, bei der Stange zu bleiben, war das Wissen, dass wir die Hütte und das Drumherum selbst gebaut hatten (okay, with a little help of our friends and neighbours). Das machte uns nicht nur irre stolz, sondern verschaffte uns auch das Selbstvertrauen, das es braucht, dieses Großprojekt Kleingarten immer wieder neu anzugehen.

# Kapitel 5

## *Garden's Eleven* – Typen, die ihr garantiert im Kleingarten trefft

»In so 'nem Kleingartenverein, da gibt es bestimmt jede Menge seltsamer Menschen, oder? Habt ihr auch einen ›Blockwart‹? Erzählt mal!«, forderte uns eine Freundin auf, als wir ihr von unserem Garten berichteten. Wir schauten uns an. Sie war nicht die Erste, die das fragte. Woher das kommt? Vermutlich durch TV-Serien wie *Die Camper* oder *Ab ins Beet*, deren Figuren, ob real oder fiktiv, immer etwas speziell sind. Gut, auch bei uns gibt es einige »Typen«, die durchaus Potenzial haben, einer TV-Figur Pate zu stehen.

»So ein Kleingarten-Verein, das ist ja immer ein Querschnitt der Gesellschaft«, berichtete unser Vereinsvorstand Walter, als wir vor Vertragsunterschrift von ihm wissen wollten, wer so rechts und links von uns gärtnert. »Ihr werdet das schon merken, mit manchen könnt ihr besser, mit anderen nicht. Wie im echten Leben halt!«, fügte er hinzu und schickte ein Lachen hinterher. Er holte Luft, als wolle er noch etwas hinzufügen. Dann winkte er ab. »Ach, wir haben tolle Leute hier!«

Was er wohl meinte: Wir müssen unsere Erfahrungen selbst machen. Und erst einmal unsere eigene Rolle finden.

Aus unseren Agenturjobs sowie diversen Mitgliedschaften in Sportklubs kennen wir die Grundregeln der Gruppendynamik. Hier gibt es immer Bestimmer und Macher und dann die, die einfach nur da sind, mit dem Strom schwimmen und eigentlich nur ihre Ruhe wollen. Und dann findet sich meist noch eine dritte Untergruppe zusammen. Die Kritiker. Das sind im besten Fall diejenigen, die mit ihren Fragen und Zwischenrufen die Gruppe voranbringen. Oder es sind die Störenfriede, in der Fachliteratur auch »Stinktiere« genannt. Die sind meist sehr darauf bedacht, das Beste für sie persönlich herauszuholen, und stellen sich gegen alles, was ihnen direkt nichts nützt, sondern vielleicht Arbeit oder sonstigen Aufwand bedeutet. In den Vorstand eines Vereins lassen sich die Störenfriede daher in der Regel nur selten wählen. Zu viel Stress!

Welcher Gruppe wir uns zugehörig fühlen? Eigentlich wollen wir ja auf unserer Parzelle auch nur unser Ding machen. Vermutlich passen wir deshalb am besten in die Gruppe zwei, die der Mitläufer und Mitmacher. Wobei: Als Walter begriff, dass hinter Florians fancy Berufsbezeichnung »Art Director« ein Gestalter steckt, fackelte er nicht lang. Ab sofort entwarf Florian Plakate und Schilder. Und Graffiti, ganz legal: Für den Vatertags-Frühschoppen gestaltete Florian eine Schablone und sprühte mit Kreidefarbe Werbung auf alle Wege, die zum Vereinshaus führen. »Einfach klasse«, fand Walter und verpflichtete Florian gleich für alle kommenden Festivitäten – »statt der Gemeinschaftsarbeit«, sagte er und zwinkerte Florian lachend zu.

Wir wurden auch bei anderen Gelegenheiten zu Machern – zugegeben, nicht immer ganz freiwillig. Als Hannelore, Walters Frau, uns zum Kuchenbacken und als

Standbetreuer beim Kinderfest einteilte, sagten wir natürlich nicht Nein. Und waren hinterher ganz froh über die Gelegenheit, mal andere Kleingärtnernde kennenzulernen. Denn auch wenn die Häuschen auf den Parzellen relativ dicht stehen und wir andere Schreber und Schreberinnen immer freundlich grüßen und auch Small Talk betreiben – die Kolonie ist ganz schön groß. Wir kennen eigentlich nur unsere Nachbarn und die Vorstandsmitglieder so richtig. Plus dazu die Menschen im Kleingartenverein, die uns durch ihr spezielles Verhalten besonders auffallen.

## Begegnungen im Garten

Wie dieser Störenfried: »Warum bekommt ihr eigentlich das ganze Häckselgut?!«, überrumpelte er uns, als wir Gehäckseltes für unsere Wege schaufelten. »Weil wir gefragt haben«, entgegneten wir. »Früher konnte sich hier jeder bedienen. Lasst ihr denn wenigstens was übrig?« Wir verneinten – wir hatten unseren Bedarf ja ausgerechnet und angemeldet, bevor der Häcksler kam. »Pfff. Na toll. Mir hat niemand Bescheid gesagt, mal wieder typisch!«, schmollte der Störenfried. Die E-Mails und Aushänge des Vorstands hatte er wohl übersehen. Wir rieten ihm, sich nicht an uns, sondern an den Vorstand zu wenden. »Ist ja jetzt zu spät, oder?«, antwortete er, ging zu seinem Auto und fuhr wütend davon – wobei er uns noch einen verächtlichen Blick zuwarf.

»Was ist denn sein Problem?!«, fragte Florian. Wir waren kurz irritiert, beschlossen dann aber, uns nicht weiter davon beeindrucken zu lassen. Wenige Wochen später sprachen wir Vorstand Walter auf das Thema Häckselgut an. »Ach ja, die Pappenheimer wieder«, sagte er und lachte. Er erklärte, dass tatsächlich ein Teil des Gehäckselten bisher liegen gelassen wurde. »Mit dem Ergebnis, dass es wochenlang unsere Parkplätze belegt hat. Wir mussten das Zeug dann immer abholen lassen, weil es doch keiner wollte. Deshalb organisieren wir das jetzt anders.« Wer Häckselgut haben wolle, solle sich bei ihm melden – »haben wir alles auf der Jahreshauptversammlung besprochen. Wer dann nicht kommt … selbst schuld!«

»Okay, zur Jahreshauptversammlung müssen wir dann wohl gehen, oder?«, fragte ich später. »Besser ist es – nicht, dass wir auf Walters Shit-List landen«, antwortete Florian.

Begegnungen der irritierenden Art erlebten wir auch mit unseren direkten Nachbarn. Mit Alfred diskutierten wir über Unkraut. Oder vielmehr: »diesen ganzen Rotz!«. Er war sauer – denn die Vergissmeinnicht aus unserem Garten hatten sich ausgesamt und unter seiner Hecke fleißig Mini-Mes gebildet. »Jetzt hab ich den Ärger hier. Und ich seh das schon: Ihr habt total viel Löwenzahn im Rasen. Wenn das Zeug rüberkommt zu mir, dann …«, schimpfte er über den Liguster hinweg. Was dann passieren würde, erfuhren wir nicht. Vorher nämlich krauten wir an der Grenze zu Alfred lieber regelmäßig aus. Denn verärgern wollen wir Alfred wirklich nicht – schließlich hat er uns in der Zeit des Hüttenbaus zusammen mit seiner Frau tatkräftig unterstützt.

Dass der Löwenzahn nervt, sehen wir selbst auch ein. Die Vergissmeinnicht hingegen rupfen wir nur widerwillig aus.

Sie sind bei uns im Garten eigentlich sehr willkommen, denn sie sorgen schon früh im Jahr für hübsche blaue und weiße Farbtupfer im Garten. Als wir ein Blumenbeet neu anlegten, merkten wir einmal mehr, dass Alfreds und unsere Vorstellungen von einem schönen Garten etwas auseinandergehen. Wir hatten Löwenmäulchen und Lupinen gekauft, um sie ins Beet zu setzen. »Was wollt ihr denn damit? Die machen doch nur Ärger«, kommentierte er unseren Einkauf. »Pflanzt doch lieber was Schönes, schaut mal, wie wir«, ergänzte er und zeigte auf eine Hausecke. Dort hing eine Blumenampel voller Pelargonien.

Wir erklärten ihm, dass wir Vielfalt im Garten mögen. Und dass wir versuchen, möglichst einheimische Pflanzen wieder anzusiedeln. »Verstehe ich nicht. Das sät sich doch nur alles aus, und dann habt ihr den ganzen Garten voll mit solchem Rotz«, hielt er verständnislos dagegen. »Aber okay, müsst ihr ja selber wissen. Solange nix davon bei uns landet.« – Damit können wir gut leben.

Mittlerweile haben wir uns sehr gut mit unseren Mit-Kleingärtnernden arrangiert. Bei unseren Begegnungen ist uns aber schon aufgefallen: In den einzelnen Gruppen der Macher, Mitmacher und Kritiker gibt es ein paar Typen, die man so oder ähnlich in vielen Schrebergartenkolonien trifft.

### 1. Die Kleingarten-Kontrolettis

Kleingarten-Kontrolettis pflegen ihren Rasen gefühlt mit der Nagelschere. Sattes Grün umgibt die top in Schuss gehaltene Gartenlaube und leuchtet hinter den fristgerecht auf die erlaubten 1,10 Meter geschorenen Hecken. Die Beete und Wege im Garten sind selbstverständlich unkrautfrei – leider oft auch bienenfrei, denn für Insekten gibt es nicht viel zu holen. Pflanzen suchen sich die Kleingarten-Kontrolettis oft danach aus, wie pflegeleicht sie sind und wie adrett sie wachsen. Ihre Thujen und Kirschlorbeer-Sträucher feiern sie richtig ab – und bringen sie manchmal sogar mit der Heckenschere in eine witzige Form. Garten-Kontrolettis haben meist schon das Rentenalter erreicht. Was ihnen nicht nur genügend Zeit verschafft, ihren eigenen Garten perfekt zu pflegen, sondern auch, über die Hecken der Mit-Kleingärtnernden zu äugen und ihren etwaigen Unmut kundzutun. Die Kritik erfolgt meist in Form von Fangfragen. »Was blüht denn da in eurem Rasen, soll das so?«, heißt es dann. Sehr wahrscheinlich handelt es sich um Unkraut, das da nicht hingehört. Oder: »Eure Hecke könnte auch mal wieder einen Schnitt vertragen, oder nicht?«, wenn die Hecke – offensichtlich – mal wieder einen Schnitt vertragen könnte. Kritisieren und Unruhe verbreiten können die Kontrolettis sehr gut.

*Unser Tipp für den Umgang mit den Kleingarten-Kontrolettis:* Cool bleiben. Und die Vorteile nutzen, denn: Menschen von diesem Typ entgeht nichts! Sind mal wieder Lauben-Aufbrechende und -Ausräumende auf den Parzellen unterwegs, bekommen sie es auf jeden Fall mit. Als unsere Dachpappe wegwehte, bemerkte es ein Nachbar der Kontroletti-Fraktion zuerst und informierte dann den Vorstand, der wiederum uns Bescheid gab. Kleingarten-Kontrolettis lassen sich übrigens gern in Fachsimpeleien verwickeln und auf diese Art hervorragend von einer Problem-Ecke ablenken.

Wir sehen unseren absolut unperfekten Garten übrigens als Ausgleich für die adretten Grünflächen. Blicke und Kommentare zu Unkraut lächeln wir einfach weg. Dafür summt und brummt es bei uns vor lauter Wildbienen und anderer Insekten!

**2. Die Sparfüchse**

Sparfüchse recyceln auf ihren Parzellen ungefähr alles, was sich dazu anbietet. Bauen Terrassenmöbel aus Paletten, Beetumrandungen aus Weinflaschen und hängen CDs als Vogelscheuchen in ihre Obstbäume. Was in den Gärten der Sparfüchse wächst, ist meist Ergebnis eines Saatgut- oder Staudentauschs und dementsprechend vielfältig. We like!

An den Kleingartenfesten nehmen sie gern teil – schließlich gibt es hier Kaffee und Kuchen zu günstigsten Preisen. Nicht nur im Kleingartenverein selbst, auch in Online-Communitys wie etwa Facebook-Gruppen tummeln sich zahlreiche Garten-Sparfüchse. Sie sind oft dankbare Abnehmer für überzählige Pflanzen – die sie dann auch gern selbst ausbuddeln.

*Unser Tipp für den Umgang mit den Sparfüchsen:*

Direkt dranhängen! Sparfüchse zu kennen zahlt sich richtig aus. Sie haben nicht nur Spitzenideen, was das Recycling und damit ein Stück weit auch das nachhaltige Gärtnern angeht. Und sie wissen oft, wo man günstig an Steine, Holz oder andere Baumaterialien kommt.

**3. Die Party-Gärtner und Fußballfans**

Party-Gärtner sind ein bisschen wie die Mädchenschwärme der Mittelstufe: Im Kleingarten sind sie selten allein, meist scharen sie eine Truppe Freunde um sich. Nicht selten sind gleich mehrere Personen eines Party-Freundeskreises Kleingärtnernde im selben Verein. Wo sie auftauchen, werden gute Laune und Party-Vibes versprüht. Meist sind sie Stammgäste bei den Kleingartenfestivitäten – wenn zumindest zwei Gleichgesinnte aus der Truppe mitkommen. Bei drögeren Veranstaltungen wie etwa der Jahreshauptversammlung besetzen die Party-Gärtner direkt eine Stuhlreihe – und reichen sich dann Snacks und Getränke durch.

Ihren Garten haben die Party-Gärtner – klar! – vor allem zum Feiern. Oft verfügen sie über einen großzügigen Grill, einen sehr gut gepflegten Rasen und diverse Nischen zum Sitzen und Quatschen. Auf ihrer oft überdachten Terrasse finden größere Gruppen Platz.

Eine Sonderform der Party-Gärtner bilden die Fußballfans. In ihrer Laube steht ein bundesligataugliches TV-Gerät, auf dem sie allein oder in der Gruppe die Spiele ihres Klubs verfolgen. Siege werden direkt gefeiert, Niederlagen trinken sie sich schön – wenn man schon mal im Garten ist …

*Unser Tipp für den Umgang mit den Party-Gärtnern:*
Am besten einfach mal dazugesellen. Auch wenn wir so gar nicht auf Fußball stehen und weder gern Jackie-Cola trinken noch zum Pur-Hitmix schwofen. Die Party-Gärtner sind meist sehr gut vernetzt. Ein kurzer Small Talk beim Bierchen während des Vatertags-Frühschoppens reicht – schon ist man um einiges schlauer. Für einen gelungenen Eisbrecher am besten vorher einmal die aktuellen Fußball-Ergebnisse checken.

### 4. Die Öko- und Esofreaks

Die Ökofreaks stehen eigentlich im kompletten Gegensatz zu dem Kleingarten-Bild, wie es derzeit noch existiert. Die vielen Regeln, die zahlreichen Kleingärtnernden, die munter mit Pflanzenschutzmittel herumsprühen und wenig Wert auf Nachhaltigkeit legen – ein No-Go für die Naturverbundenen. Oder doch ein willkommenes Feld, um bisher unwissende Gärtnernde zum Guten zu bekehren?!

Eine noch gesteigerte Form der Ökos sind die Esos. Die schmücken ihre Parzelle mit Traumfängern oder selbst gebastelten Klang-Installationen, die im Wind vor sich hin klingeln. Sie gärtnern gern mit dem Mond. Und experimentieren mit Heilkräften der Natur – was sie oft mit den Ökofreaks verbindet.

Auf den Kleingartenfesten sind Öko- und Esofreaks eher selten anzutreffen. Außerhalb dieser Veranstaltungen sind sie meist sehr gesellig und immer für einen Austausch offen.

*Unser Tipp für den Umgang mit den Öko- und den Esofreaks:*
Wir zählen uns selbst zu den Ökofreaks und können nur warnen: Wer uns eine Frage zu unserer Wildblumenwiese stellt, hat direkt verloren. Mehrere Minuten oder eher stundenlang schwadronieren wir dann über die Sinnhaftigkeit von Blühstreifen und Insektenhotels, Komposttoiletten und lösungsmittelfreien Lacken für die Gartenhütten-Renovierung. Denn unser Ziel – neben dem Bewirtschaften und Genießen unseres Gartens – ist es, möglichst viele Kleingärtnernde von nachhaltigen und naturnahen Gärtner-Methoden zu überzeugen.

**5. Die Familien-Gärtner**

Die Parzellen der Familien-Gärtner sind meist zweckmäßig gestaltet. Auffällig ist der meist sehr gut gepflegte Rasen – Voraussetzung Nummer eins für unfallfreie *Fußi-Sessions* und Toberunden sowie Grundlage für Kinder-Entertainment in Form von Spieltürmen oder Trampolinen. Selbst wenn diese Aufbauten fehlen, erkennt man den Familiengarten leicht. Nämlich am von Wind und Wetter leicht mitgenommenen Luftballon, der vergessen am Gartentor wedelt. Zeuge des letzten Kindergeburtstags auf der Parzelle.

Oft reiht sich ein kindgerechter Kleingarten an den nächsten. Wir vermuten dahinter zwei Gründe: Zum einen scheuen Nicht-Kinder-Menschen den Lärm, der auf den Parzellen manchmal herrscht. Und zum anderen schrebern Familien-Gärtner gern in Gruppen für die maximale Familien-Erholung. Oft sieht man die Mütter, die sich auf der einen Parzelle treffen, um sich zu sonnen oder zu quatschen. Die Kinder toben im Garten daneben – unter Aufsicht der Väter, die die Grillzangen schwingen.

*Unser Tipp für den Umgang mit den Familien-Gärtnern:*
Leben und leben lassen! Familien-Gärtner stören sich meist herzlich wenig daran, wenn man die Mittagsruhe nicht ganz so penibel einhält oder es auf der eigenen Parzelle nicht ganz so perfekt aussieht. Der Lärm, der tagsüber aus den Familiengärten schallt, verstummt meist relativ früh am Abend. Das Feierabendbier lässt sich also ganz in Ruhe genießen. Plus: Familien-Gärtner wissen immer, wo es in der Nähe das beste Eis und die besten Pommes gibt und wo man günstig ein gutes Planschbecken herbekommt.

### 6. Die Kleingarten-Muttis

Die Muttis kümmern sich um alles im Kleingartenverein. Sie organisieren Helfer für das Sommerfest, sie backen Kuchen für jeden Anlass, sie beschwichtigen, wenn es Streit gibt. In ihrem Garten schaut man vorbei, wenn man akuten Kaffeedurst hat, aber zu faul ist, selbst welchen zu kochen. Wenn man Glück hat, greift man gleich auch noch ein Stück Kuchen ab. Und ein paar Gartentipps, denn bei den Kleingarten-Muttis blüht es meist üppig. Sie helfen mit Dünger und gutem Zureden auch immer wieder nach. Dekorationen gibt es auch reichlich im Garten der Vereinsmuttis. Und heimlich, ganz heimlich füttern sie die wilden Katzen, die es irgendwie geschafft haben, in der Kolonie geduldet zu werden, obwohl das Gesetz doch jedes Haustier untersagt.

*Unser Tipp für den Umgang mit den Kleingarten-Muttis:*
Unbedingt mit ihnen anfreunden! Gartenmuttis sind Gold wert – bei ihnen können wir unsere Sorgen abladen, von ihnen erfahren wir allerhand Klatsch und Tratsch aus dem Garten. Und so manchen Zuspruch, was unseren Fortschritt im Garten angeht. Die Muttis gehören nämlich zu unseren größten Fans! Und wenn sie so lieb drum bitten, backen wir auch gern an jedem Kleingartenfest einen Kuchen, Muffins oder Cupcakes – »was die jungen Leute halt gern essen«.

### 7. Die Möchte-Gärtner

Die Möchte-Gärtner, auch: Gut-Wetter-Gärtner, sind ungefähr das Gegenteil von uns. Sie lassen sich nur bei strahlendem Sonnenschein blicken und scheinen den Garten nur für ihre Grill-Sessions und Nachmittage auf der Sonnenliege gepachtet zu haben. Liege-, Sitz- und Grillplätze bestimmen auch das Bild ihrer Kleingärten. Dazu gibt es viele pflegeleichte Zierpflanzen, aber kaum Gemüse oder Obst. Wenn es regnet oder die Temperaturen unter die 20-Grad-Marke fallen, trifft man die Möchte-Gärtner leider selten an. Woher das kommt? Oft sind die Möchte-Gärtner Ex-Familiengärtner, deren Kinder zu alt geworden sind, um noch an Spieltürmen und dem Toben auf dem Rasen Freude zu finden. Oder aber, ihre Partnerinnen oder Partner haben sich getrennt, und die Familienausflüge in den gemeinsamen Kleingarten fallen flach. Außerhalb der schönsten Sommertage schlagen die Möchte-Gärtner eigentlich nur noch auf, wenn es unbedingt sein muss. Wenn also die Hecken wirklich viel zu hoch geworden sind und das Unkraut darin bis nach oben durchwächst. Oder der Rasen so verwildert, dass sich die Katzen der Kleingarten-Muttis darin verstecken können, um Vögeln und anderen kleinen Tierchen aufzulauern. Nicht selten von den warnorangefarbenen Mängel-Zettelchen des Vorstandes motiviert, schieben die Möchte-Gärtner dann den Rasenmäher durch den Garten oder fuhrwerken mit Ast- und Heckenscheren herum. Und beschweren sich lautstark über die unnötigen Auflagen des Vereins.

*Unser Tipp für den Umgang mit den Möchte-Gärtnern:*
Auf Durchzug schalten. Und, wenn sich die Gelegenheit bietet, eine Übernahme der Parzelle durch Freunde einfädeln.

Wie unser Vereinsvorstand so klug bemerkte: Ein Kleingartenverein ist ein Schmelztiegel für Menschen aus diversen

Schichten und mit sehr unterschiedlichen Temperamenten. Für uns ganz erfrischend – denn sehr oft ertappen wir uns dabei, dass wir uns viel zu sehr in unserer Medien- und Kommunikations-Bubble bewegen. Wir merken, dass wir mit der Zeit, in der wir nun schon im Kleingartenverein sind, immer gelassener auf die Verschrobenheiten unserer Mit-Kleingärtner reagieren. Und immer öfter als noch zu Beginn an den Frühschoppen und Sommerfesten und Advents-Kaffeetrinken sowie anderen Vereinsaktivitäten teilnehmen. Noch schwofen wir nicht mit, wenn Walters Schlager-Best-of läuft. Aber es schreckt uns auch nicht mehr ganz so ab.

Ein Punkt, weshalb uns das Kleingarten-Vereinsleben mehr und mehr Spaß bringt: Der Landesverband pusht immer öfter Themen wie Nachhaltigkeit oder bienenfreundliches Gärtnern. Auch unser Vereinsvorstand bemüht sich darum, hier Aufklärung zu betreiben, und schickt regelmäßig E-Mails dazu herum. Da sich inzwischen herumgesprochen hat, dass wir zu den Ökofreaks gehören, führen wir immer mehr Gespräche darüber – und weniger über die aktuellen Entwicklungen in der Fußball-Bundesliga.

So fanden wir dann auch »unseren« Imker. Denn als wir uns auf die Suche nach einem Imkerkurs machten, stellten wir nach ein paar Gesprächen mit Mit-Gärtnernden fest: Wir haben einen Fachmann in unserem Gartenverein. Der uns noch dazu grundsympathisch ist. Denn auch er gehört definitiv zu den Ökofreaks. Das Auto kauften seine Frau und er sich erst nach dem Eintritt in die Rente, »als die Knochen nicht mehr so wollten«. Zuvor seien sie immer nur mit dem Rad und den öffentlichen

Verkehrsmitteln durch Hamburg und Umgebung gefahren. Der Garten unseres Imkers ist ein kleines Schmuckstück – und ein großes Vorbild für uns. Er hat einen Zugang zu einem Mini-Flusslauf, ist also von der Sorte Sechser im Lotto, außerdem noch alten und dementsprechend hohen Baumbestand, der auch bleiben darf. Und, was uns wahnsinnig gut gefällt: Der Garten ist terrassenförmig angelegt. »Eigentlich blüht da immer was, das ganze Jahr über. Dafür sorgt meine Frau«, erzählte uns der Imker, als wir gemeinsam zur Imkerschule nach Bad Segeberg fuhren. »Toll für die Bienen und andere Insekten!« Die einzige Krux: Seine Frau sei nach Jahren des Imkerns allergisch geworden. »Da hieß es dann: ›Die Bienen oder ich‹«, sagte der Imker und seufzte. Wofür er sich letztlich entschied? »Na ja, am Ende dann für meine Frau«, berichtete er und lachte etwas verlegen. »Die Bienen habe ich ja aber nicht aufgegeben, nur umgezogen.« Erleichtert atmeten wir auf. Ob sich wohl schon Paare wegen eines Streits rund um den Kleingarten getrennt haben? Das müssen wir beizeiten dringend mal in Erfahrung bringen – am besten bei einer der Kleingarten-Muttis!

**September 2016:**
*Wir besichtigen die Parzelle zum ersten Mal*

**Juli 2017:**
*Unsere Hütte steht!*

**Oktober 2017:**
*Wir haben die Hütte gestrichen und freuen uns über üppige Ernte*

**Juli 2019:**
*Laufend gestalten wir den Garten um*

**August 2020:** *Abendstimmung auf der Terrasse, unserem Lieblingsplatz*

Unsere Punktfundamente
entstehen bei feinstem Regen

Das Aufstellen der
Laube macht Muckis!

Die ursprünglichen Laube stocken wir auf
und ziehen zwei Wände und einen Schlafboden ein

*Neben Laube und Gewächshaus bauen wir noch eine Außenküche*

*Unsere Projekte – hier eine neue Gartenpforte – entstehen auch mal im Winter*

*Auch unser Gewächshaus ist ein DIY-Projekt – aus dem alten Windfang einer Currywurstbude!*

*Mulchen, Unkraut jäten, gießen: Irgendwas ist in einem Garten immer zu tun*

*Gummistiefel und »Outdoorjacke« sind Must-Haves für Kleingärtnernde in Hamburg*

*Kürbisse ernten wir ab dem Spätsommer bis kurz vor Weihnachten*

*Üppige Ernte: Unser Garten liefert Gemüse gleich kiloweise*

*Frisch aus dem Beet 1: Zucchini und Co. landen oft direkt auf dem Grill oder Teller*

*Frisch aus dem Beet 2: Kartoffeln kaufen wir nur noch selten ein*

*Mehrmals die Woche heißt es im Sommer: gießen!*

*Neben der vielen Gartenarbeit bleibt immer Zeit zum Grillen*

*Unsere Laube haben wir mit Second-Hand-Schätzen eingerichtet*

*Unser Standard-Abendprogramm: Grillen und dann den Ausblick genießen*

*Auf unserer Terrasse schmieden wir auch die meisten unserer Pläne für den Garten*

# Kapitel 6

## Liebling, ich habe die Beete geschrumpft! – Das Gartenjahr planen

Wie im Flug war unser erstes komplettes Gartenjahr vergangen. Wir hatten unseren Garten im September übernommen. Nach den ersten Aufräumarbeiten starteten wir im Januar darauf mit der Planung unserer Beete sowie diverser DIY-Projekte, die wir das Jahr über umsetzten. Bis in den Oktober hinein waren wir mit Hüttenbau, Gartengestaltung und nicht zuletzt mit unseren Beeten gut beschäftigt. Im November und Dezember gönnten wir uns eine kleine Garten-Auszeit, um im Januar festzustellen: Das Draußensein fehlt uns total! Wir lernten ein weiteres Garten-Gesetz kennen: Wer mag, hat ab Januar schon alle Hände voll zu tun. Saatgut-Kataloge durchzublättern etwa. On- wie offline schmökerten wir uns durch das Angebot. Immerhin mit der Weisheit einer Gartensaison – ja, darauf bildeten wir uns an dieser Stelle reichlich ein, Anfänger, die wir waren. An unserer Tabelle hielten wir fest, die hatte sich optimal bewährt. Denn wir achten beim Gärtnern ja auf die Fruchtfolge, nach der jedes Jahr die Gemüse auf unseren Beeten rotieren. Wo vorher anspruchsvolle Pflanzen wuchsen, bekommen nun bescheidene und dadurch bodenschonende Gewächse den Vortritt. Hier den Überblick zu behalten? Ohne unseren Pflanzkalender unmöglich! Noch dazu verfolgen wir das Prinzip der Mischkultur. So wie wir uns mit unseren Gartennachbarn gut stellen, sorgen wir auch in unseren Beeten für gute Nachbarschaft. Nicht alle Pflanzen vertragen sich gleich gut. Oft sind zu eng miteinander verwandte Sorten sich nicht grün. Blumenkohl, Brokkoli und andere Kohlsorten etwa sollten im Garten auf Abstand gepflanzt oder gesät werden. Auch Nachtschattengewächse wie Kartoffeln, Tomaten, Paprika und Auberginen sind einander keine guten Nachbarn.

Wiederum andere profitieren von bestimmten Reihen-Nachbarn. Das sogenannte Milpa-Beet ist das beste Beispiel dafür: In der südamerikanischen Tradition der »Drei Schwestern« pflanzt man Mais, Bohnen und Kürbisse zusammen. Der Mais bietet den Bohnen eine Rankhilfe. Die Kürbisse bedecken den Boden und schützen ihn so vor Austrocknung. Die Bohnen reichern die Erde mit Stickstoff an – was den Kürbissen und den Maispflanzen wiederum sehr gut gefällt.

Etwas zu gut verstehen sich oft Kürbisgewächse und kreuzen sich nicht selten dann auch munter untereinander. Leider nicht immer zum Vorteil der (Hobby-)Gärtnernden. Eins unserer größten Horrorszenarien: der Tod durch falsch befruchtete Zucchini oder Kürbisse. Kein Scherz, das kommt tatsächlich vor! Gerade, wenn Zierkürbisse in der Nähe sind. Der Grund dafür ist, dass diese besonders viel des sogenannten Cucurbitacin enthalten, was sie vor gefräßigen Feinden schützt. Der Bitterstoff ist aus den essbaren Zucchini- und Kürbissorten herausgezüchtet worden. Bei der unkontrollierten Paarung von Zucchini oder Kürbispflanzen untereinander können aber wieder sehr bittere Kreuzungen entstehen. Darum probieren wir jede einzelne Frucht, bevor sie in den Topf, die Auflaufform oder die Pfanne wandert. Schmeckt sie bitter, sortieren wir rigoros aus.

Der Pflanzkalender legt also den Fahrplan für unseren Garten fest. Und er kann noch mehr: Dank seines Farbsystems wissen wir, ob das Saatgut direkt ausgesät werden kann oder ob wir es zunächst auf der heimischen Fensterbank anziehen sollten. Sich schon einmal vorab mit den unterschiedlichen Sorten, die wir aussäen wollen, zu beschäftigen, spart uns dann bei der Aussaat selbst Zeit. Und reduziert Frustpotenzial. Als wir bei der allerersten Freiland-Aussaat bemerkten, dass es für viele der Samentütchen noch lange nicht Zeit war, ihren Inhalt auf den Beeten zu verstreuen, war die Enttäuschung erst mal groß. Wir wollten doch so gern endlich loslegen. Und genau bei dem Punkt unterstützt uns unser Gartenfahrplan.

Er dämmt den gärtnerischen Aktionismus ein, der uns und viele unserer Gleichgesinnten gern mal überkommt. Klar, wir wollen ab Januar am liebsten rund um die Uhr im Garten sein, unsere Projekte angehen und endlich wieder mit den Händen in der Erde wühlen. Aber das Gras wird nicht grüner, wenn wir dran ziehen.

## Gärtnern beginnt schon vor der Aussaat

Will heißen: Statt uns Hals über Kopf in die Gartenarbeit zu stürzen, lassen wir uns vom Pflanzkalender daran erinnern, dass es auch Phasen der Ruhe gibt – für uns wie für die Pflanzen selbst. Und dass alles seine Zeit hat, das Säen, das Pflanzen, das Ernten, das Planen ... Die Tabelle zu verfassen und die Beete damit zu planen beschäftigt uns und verschafft uns das Gefühl, schon produktiv gewesen zu sein, bevor es richtig losgeht.

Unser Gartenplaner verschaffte uns nach unserem ersten Gartensommer also nicht nur einen Überblick darüber, was wir in unseren Beeten planten, wir sparten dadurch auch Geld, denn wir hatten im ersten Gartenjahr schon fleißig Saatgut gewonnen. Von diversen Salaten etwa, von unseren Zuckererbsen und auch den Buschbohnen. Das Saatgut sichteten wir zunächst einmal und markierten brav im Gartenplaner, wo wir nachbestellen mussten. Dass wir neben den Must-haves dann noch ein paar verrückte Sorten und neue Samen orderten, war wohl auf unseren Wohnungskoller zurückzuführen. Hamburg im Winter ist ganz schön grau – die Sehnsucht nach Grünem und Gartenzeit stieg im Januar und Februar ins Unermessliche. Dass wir für unsere weitere Feinplanung dann diverse Gartenbücher – zu Weihnachten bekommen! – verschlangen und wieder einmal Gartensendungen bingewatchten, sorgte nicht gerade dafür, den Drang nach draußen zu stoppen. Immerhin: In Jahr zwei unserer Kleingartenkarriere waren wir schon so gelassen, dass wir mit Freunden in den Skiurlaub fuhren.

So viel Zeit musste sein – besonders, weil wir ahnten, dass wir übers Jahr unsere Freunde, Familien und Bekannten viel zu wenig sehen würden. Es standen einfach zu viele Projekte an.

Die wir wiederum auch über unseren Gartenfahrplan organisierten. Hier kommen uns die Projektmanagement-Skills aus unseren Jobs zugute. Ob wir nun eine Social-Media-Kampagne für einen Kunden planen, einen Flyer von Briefing bis Druck durchsteuern oder eins unserer DIY-Projekte rund um die Gartenhütte verwirklichen – die Vorgehensweise ist ähnlich: Wir dröseln zunächst die einzelnen Schritte auf, die nötig sind, schreiben Materiallisten – und verteilen Zuständigkeiten.

Seitdem wir uns so organisieren, verlieren wir weniger Zeit mit Diskussionen und damit, uns zu ärgern. Zu Beginn haben wir oft Materiallisten zu Hause vergessen, wenn wir voll bepackt in den Garten oder zum Baumarkt radelten. Was meist zur Folge hatte, dass wir wichtige Teile vergaßen oder in den falschen Abmessungen kauften. Das frustet, vor allem dann, wenn wir uns mal wieder viel zu wenig Zeit für ein Projekt geblockt haben oder es durch das Wetter oder andere äußere Umstände Planänderungen gibt.

Zahlreiche Extra-Baumarkt-Besuche später sind wir schlauer, rufen direkt vor dem Regal unsere digitale Liste auf und shoppen weitestgehend stressfrei. Improvisieren müssen wir nach wie vor, wenn es zum Beispiel bestimmte Teile so im Baumarkt nicht gibt oder wenn wir trotz unserer Projekt-Vorbereitung merken, dass Details nicht so funktionieren, wie wir es gerne hätten oder es uns in unseren Heimwerker-Hirnen ausgemalt hatten. Wir werden mit der Zeit zwar immer besser, sind aber nach wie vor Amateure und keine ausgebildeten Handwerker. Immerhin: Wir orientieren unsere Einkaufslisten schon unbewusst an der Sortierung im Baumarkt und sparen so wichtige Zeit, die wir ganz zu Beginn oft noch damit verbrachten, kopflos durch die Gänge zu rennen. Wenn Florian seine Heimwerkerhose anzieht und damit durch die Hochregale stromert, wird er mittlerweile oft von anderen Heimwerkern angesprochen und um Rat für Projekte oder nach bestimmten Teilen gefragt. Mir passiert das selten – ob es am Geschlecht oder einfach nur der fehlenden Heimwerkerhose liegt?

## Unsere Gartenplanung

Für manche Menschen tut es statt der digitalen Tabellen auch eine analoge Planung des Gartens. Meine Schwester und Mutter führen Buch in Form eines Ordners, in den sie Notizen einheften, beziehungsweise durch ein Extra-Garten-Tagebuch. Die beiden notieren in ihren Aufzeichnungen sogar Temperaturen – nicht durchgehend zwar, aber umfassender als unsere Planung und »Buchführung« ist das allemal. Was wir allerdings gemeinsam haben: Auch die beiden sortieren ihre Planungen und Aufzeichnungen nach Beeten.

Wir unterteilten unsere Tabellen in die folgenden Kategorien:

- Kartoffelbeet(e)
- Hochbeete

- Beet eins
- Beet zwei
- Beet drei
- Obstbeet – das mit dem riesigen Rhabarber
- Staudenbeet

Bei den durchnummerierten Beeten vermerkten wir zudem, wo Stark-, Mittel- und Schwachzehrer wachsen sollten. Das System behalten wir bis heute bei, auch wenn sich ein paar Details verändert haben.

So treu wir unserer Art der Planung sind: In Gartensaison Nummer zwei trennten wir uns von der einen oder anderen Sorte Saatgut. Nicht in den Recall eingeladen wurden zum Beispiel Zierkürbisse. Die waren uns im ersten Gartenjahr so gut gelungen, dass sie Teile unserer essbaren Kürbisse befruchtet und diese so ungenießbar gemacht hatten. Wie gesagt, wir failen forward – Jahr für Jahr scheitern wir uns nach oben auf der Kleingarten-Karriereleiter.

Ebenfalls raus waren Zwiebeln, Knoblauch und Porree. Die gelangen uns so gar nicht. Sie ein weiteres Mal auszusäen, schien uns vergebene Liebesmüh. Wir steckten stattdessen lieber kleine Zwiebelchen – die wachsen deutlich schneller!

Im ersten Gartenjahr hatten wir außerdem ein Experiment gewagt und eine Reihe Kartoffelsaatgut ausgesät. Das hatte uns in einem Katalog eines Ultra-Öko-Anbieters angelacht. Und uns direkt grandios zum Scheitern gebracht. Die Nachtschattengewächse pflanzen wir dann doch lieber als Saatkartoffeln, das macht weitaus weniger Arbeit. Wir bemerkten: Nicht alles müssen wir selbst machen oder vielmehr aus einem Samenkorn ziehen. Stattdessen konzentrierten wir uns auf unsere Erfolgsgemüse und -kräuter und weiteten hier unsere Expertise aus.

So schaffen wir es zum Beispiel, das ganze Jahr über Salat im Garten wachsen zu lassen. Ab März säen wir ganz klassisch Pflücksalate und Kopfsalate aus. Wobei die Schnecken dafür sorgen, dass die Köpfe nie wirklich supermarktgroß werden. Diese Salate sind unsere Standards ab dem Frühling:

- Gartenmelde in Rot, das gibt ein tolles Farbenspiel im Beet
- Eichblattsalat
- Lollo rosso und Lollo bianco, auch: Lollo biando
- Bataviasalat
- Asia-Salat
- Rucola, auch: Rauke
- Forellensalat – eine garantiert vegetarische Variante!

Der Trick, mit dem wir bis in den Spätherbst hinein davon ernten: Wir säen zeitversetzt aus. Erst einmal im Zweiwochentakt, dann etwa alle vier Wochen. Ab August bis etwa Mitte September steigen wir dann auf diese winterlichen Sorten um, die die kühleren Temperaturen besser verknusen:

- Feldsalat
- Winterpostelein
- Radicchio
- Endivie

Diese wachsen – sofern wir sie nicht komplett abgrasen – bei uns bis in den März hinein. Salat kaufen? Ist etwas für Garten-Anfänger! Okay, ab und zu greifen wir am Ende des Winters noch zu einem Salatkopf im Bioladen oder auf dem Markt. Diese Situationen können wir aber an einer Hand abzählen.

Auch Zucchini und Kürbisse kaufen wir bereits seit Gartenjahr eins nicht mehr im Laden oder auf dem Markt, hier waren wir schnell schon Selbstversorger. Die Früchte erscheinen uns dank der EU-Normen sowieso viel zu mickrig, um sie zu kaufen.

## Jährlich grüßen die Garten-To-dos

Neben Gemüse-Freud und -Leid sowie unseren DIY-Projekten gibt es noch weitere Dinge, die so ein Gartenjahr ausfüllen. Diese To-dos stehen von Januar bis Dezember an:

Im Januar planen wir unseren Garten und bestellen Saatgut sowie Saatkartoffeln.

Im Februar gehen wir die ersten Aussaaten auf der Fensterbank an: Paprika, Chili und Artischocken wollen beispielsweise jetzt schon in die Erde. Passionierte Blumengärtnernde – sind wir noch nicht – ziehen ihre Blütenwunder auch schon jetzt vor.

Im März ist dann richtig was los im Garten! Die erste Aussaat darf ins Freiland, also in die Beete. Sofern diese schon bereit und befüllt sind. Für manche Gärtnernde stehen zunächst also noch der Beetbau und die Beetbefüllung an, bevor es in die Vollen geht. Nicht nur Saatgut kann in die Erde, auch Obstbäumchen, -sträucher und

-pflanzen werden am besten im März eingepflanzt. Ziergehölze, Gräser, Stauden und andere Pflanzen bekommen auch ihr Go. Im März frisieren wir außerdem einmal unsere Hecken, Sträucher und Bäumchen, sofern das nötig ist. Das sind – im Gegensatz zum Rasenmähen oder Unkrautjäten – Tasks, die wir wirklich nach Uhrwerk verrichten. Denn sind wir zu spät dran, brüten eventuell schon Vögel. Dann heißt es warten bis in den September hinein, und das wollen wir schon allein der Garten-Kontrolettis wegen absolut nicht riskieren! Zu genießen gibt's bei all der Arbeit auch schon einiges – den Anblick der zahlreichen Frühblüher nämlich. Die haben zum Teil wir gesetzt, direkt nachdem wir den Garten bekommen haben. Zum Teil sind das auch noch Erbschaften unserer Vorpächterin.

Im April steht ähnlich viel an. Der Monat ist die Hochzeit für das Setzen von Pflanzkartoffeln. Und der Monat, die ersten Gemüse und Früchte frisch aus dem Garten zu ernten. Rhabarber zum Beispiel. Auch die ersten, im März eingesäten Salatsorten sind dann oft schon reif zum Pflücken und Genießen. Das Ziergarten-Thema Nummer eins im April ist der Rasen – mit den steigenden Temperaturen mähen wir ihn öfter und starten unsere Moos-Vernichtungs-Sessions. Solange es zu kalt ist, lohnen sich diese nämlich nicht. Rasen wächst erst ab etwa vier Grad Celsius, Moos dagegen schon bei niedrigeren Temperaturen. Der Trick ist, dem Rasen einen Vorsprung zu verschaffen, sodass er das Moos verdrängen kann. Wer bei weniger als vier Grad Celsius Rasen mäht und vertikutiert, sorgt nur dafür, dass sich das Moos noch besser ausbreitet.

Im April kümmern wir uns außerdem um unsere Wildblumenwiese. Hier harken wir ungebetene Beikräuter heraus und säen stattdessen heimische Blumensorten. Das Schlüsselwort ist dabei eben das: heimisch. Herkömmliche Blütenmischungen aus dem Baumarkt versprechen zwar tolle bunte Blumen. Die kommen aber nicht zwingend aus unseren Breitengraden. Was sich höchst fremdenfeindlich anhört, ist überhaupt nicht so gemeint. Aber mit den hierzulande fremden Blütenpflanzen können Bienen und andere Insekten nicht immer etwas anfangen, weil sie den Nektar nicht verstoffwechseln können oder durch ihren Körperbau gar nicht erst in die Blüten gelangen. Manche Insekten passen sich an, und mittlerweile leben aufgrund des Klimawandels in unseren Gefilden auch viele Flattermänner und -frauen südlicheren Ursprungs. Um die alteingesessenen Arten zu erhalten und damit die Artenvielfalt zu begünstigen, lohnt sich trotzdem ein Blick aufs Saatgut-Tütchen!

Im Mai passiert noch einmal viel im (Klein-)Garten. Denn nach den vermaledeiten Eisheiligen können endlich alle angezogenen Pflanzen von unserer Fensterbank (und der Kommode, dem Bücherregal, dem Kühlschrank, dem Küchenschrank …) auf das für sie eingeplante Plätzchen im Beet ziehen. Auch Bohnen und Erbsen sowie die weiteren Runden unserer Salataussaat stehen an. Unsere Kartoffeln häufeln wir an, damit sie noch mehr Knollen bilden und diese nicht grün werden. Unser Obst bekommt eine Extrarunde Dünger verpasst, damit aus den ersten zarten Fruchtansätzen eine reiche Ernte wird. Und wir ernten Rhabarber noch und noch – den wir dann zu Kompott, Aufstrichen, Kuchenfüllungen und dergleichen mehr verarbeiten. In den Teilen unserer Parzelle, auf die die Bezeichnung Ziergarten zutrifft, lehnen wir uns hingegen zurück und genießen das Schauspiel, das sich uns nun hier bietet. Die Azalee und die Rhododendren entfalten ihre Blüten, die Rosensträucher ebenfalls. Vergissmeinnicht, Maiglöckchen, Immergrün und andere Zierpflanzen geben alles. Die Pfingstrosen recken ihre Knospen der Sonne entgegen und öffnen diese schüchtern. Wenn sie gut drauf sind. Manchmal dauert das auch bis in den Juni hinein.

Der Juni zeichnet sich auf unserer Parzelle vor allem als Erntemonat aus. Wir können die ersten frühen Kartoffeln aus der Erde buddeln und noch einmal eine zweite Runde häufeln – wir stecken meist drei Sorten Kartoffeln, sicher ist sicher.

Außerdem ernten wir den ganzen Monat über Salat. Und Spinat. Und die ersten Zuckerschoten. Und Kräuter. Die verarbeiten wir zum Teil frisch, zum Teil trocknen wir sie auch für den langen grauen Winter, in dem die mediterranen Pflanzen im Norden eine Pause einlegen.

Seit unser Gewächshaus steht, ist der Juni darin sehr betriebsam. Jetzt heißt es nämlich Tomaten ausgeizen – also all die Seitentriebe entfernen, die wild wachsen und der Pflanze die Power nehmen. Weil wir es zu Beginn natürlich übertrieben und viel zu viele Pflanzen gesetzt hatten, entwickelte sich diese Nebenbei-Aufgabe zu einem unserer Hauptjobs im Garten! Entschädigt werden wir dafür dann aber wiederum durch eine reiche Obsternte: Erdbeeren, Himbeeren, Stachelbeeren, Johannisbeeren … plus Rhabarber. Vieles essen wir so, frisch von der Pflanze.

Oder verarbeiten es zu »Sommer im Glas«, also Marmelade oder Kompott.

Und obwohl der Juni ein so reicher Erntemonat ist, merken wir oft, dass die Saison dann schon kippt: Den Rhabarber etwa ernten wir nur bis zum Johannistag am 24. Danach entwickelt er zu viel Oxalsäure. Und die Pflanzen benötigen eine Pause, um Kraft zu sammeln fürs kommende Jahr.

Die Bienen, das erklärte uns der Gartenimker, fliegen ebenfalls im Juni schon ihre Haupternte für den Winter ein. Dann heißt es Honig schleudern – und ab Juli dann: Vorbereitungen für den Winter treffen. Ein seltsames Gefühl, denn eigentlich summt und brummt es bei uns da noch tüchtig. Im Liguster zum Beispiel. Der Hecke verpassen wir im Juni meist einen sanften Haarschnitt – sofern keine Vögel drin nisten.

Und auch sonst machen wir die Kleingärtnernden in uns stolz, mähen brav regelmäßig den Rasen, der jetzt wächst wie Unkraut. Und, apropos, jäten fleißig Unkraut – aber eigentlich nur, um besser an die Ernte ranzukommen.

Im Juli steht alles im Zeichen der zweiten Jahreshälfte. Wir säen die ersten Herbst- und Wintersalate aus und probieren uns Jahr für Jahr wieder an Brokkoli, Blumenkohl und Rosenkohl. Die meist nichts werden ... Irgendwann dann aber, bestimmt!

Erbsen, Radieschen, Spinat und andere dankbarere Gemüsesorten säen wir im Juli ein weiteres Mal aus. Ist es wider Erwarten sehr warm und sonnig, heißt es, reichlich zu gießen. Sonst schießen die Pflanzen schnell, werden holzig und blühen, bevor wir überhaupt in den Genuss kommen, sie zu ernten.

Auch unsere Tomaten bekommen reichlich Aufmerksamkeit im Juli. Fies: Auf den Instagram-Kanälen anderer Gartenfreunde sehen wir, dass die ersten Früchte schon reif sind. Während wir noch ausgeizen und düngen und gießen und ausgeizen und düngen und gießen …

Das Obstbeet macht uns aber viel Freude, hier ernten wir weiter. Wer eine frühe Sorte Erdbeeren hat, kann diese im Juli vermehren, denn sie bilden nach der Ernte ordentlich Ausläufer. Wer genügend Erdbeerpflanzen hat, wirft den Beerennachwuchs auf den Kompost oder verschenkt ihn – auf dem Balkon oder einer Terrasse wachsen die kleinen Dinger auch hervorragend. Wir waren in unserer dritten Saison so happy darüber, dass unsere Erdbeeren so vermehrungsfreudig waren, dass wir mit einem Schwung Neu-Erdbeeren unsere Terrassengeländer bepflanzten. Die bestehen aus Paletten, in deren Lücken wir extra dafür hergestellte Pflanzgefäße setzten.

Worauf wir dann warten? Die ersten Äpfel und Pflaumen oder vielmehr Renekloden. In Gartenjahr Nummer eins hatten wir etliche Bäumchen gesetzt, die in den zwei folgenden Sommern nicht trugen. Was auch völlig normal ist. Lediglich nach unseren sonstigen Ernteerfolgen schwierig zu ertragen.

Wer Ziergewächse im Garten hat, für denjenigen heißt es im Juli schnippeln, schnippeln, schnippeln: Der Rasen braucht nach wie vor eine regelmäßige Rasur. Dazu kappen wir unsere Wildblumenwiese. Ein Teil der Blüten wandert in unsere Wohnung, der Rest – nämlich der schon ausgereifte – sorgt dafür, dass die Bienenweide noch ein zweites Mal blüht. Die Honigbienen streichen zwar schon langsam die Segel, die Wildbienen und andere Insekten freuen sich hingegen noch bis in den Oktober hinein über die Blütenpracht. Wer Blumen mit heilender Wirkung gesät hat, trocknet die Blüten für Tees, Salben und Co. Wir sammeln zum Beispiel die Blüten der Kornblumen, Ringelblumen und Königskerzen für einen sommerlichen Tee. Auch Rosenblüten kommen bei uns in die Selfmade-Kräutertee-Mischung. Bei Rosen knipsen wir nicht nur die schönen Blüten ab, auch was verblüht ist, scheren wir herunter. Dann kommen nämlich noch viele neue Blüten nach!

Abgesehen von den vielen To-dos versuchen wir im Juli und auch im August den Garten in vollen Zügen zu genießen. Mit Grillabenden und Sonntagsfrühstücks-Verabredungen und Eisessen auf unserem Rasen und, und, und. In der Zeit, in der unsere Hütte noch nicht fertig war, improvisierten wir. Bauten aus einem Hamamtuch und unserem Urlaubssonnenschirm ein Sonnensegel, das uns erlaubte, mit mehr als zwei Personen im Schatten zu sitzen. Denn so verregnet das erste Gartenjahr gewesen war, so heiß und trocken entwickelte sich das zweite. Ab April regnete es kaum noch, und wir lernten, dass zur Grundausstattung ambitionierter Gärtnernder nicht nur Gummistiefel, Regenjacke und Regenhose gehören, sondern auch ein Sonnenhut. Und Sonnencreme mit sehr hohem Lichtschutzfaktor. Und ein Mittel gegen Zecken und Mücken und andere Fieslinge, die im Garten so lauern. Wir verwenden ein natürliches Insektenabwehrmittel, das eigentlich Pferde vor Bremsen schützt. Und so kommt es, dass wir im Sommer immer nach einer Mischung aus Sonnencreme, Zedernholz und Zimt riechen. Wie ein Schwimmbad-Geruch, nur anders.

Doch zurück zu unserem Garten und den To-dos: Im August tragen wir unsere Ernte jutebeutelweise heim. Beziehungsweise fahren sie in unserem Anhänger herum. Kartoffeln, Bohnen, Erbsen, Zucchini, die ersten Kürbisse, Salat en masse. Die ersten Tomätchen färben sich ebenfalls rot und dürfen mit nach Hause. Wenn sie überhaupt so lange halten. Und nicht schon im Garten – happs! – auf mysteriöse Weise verschwinden.

Die abgeernteten Beete pflegen wir und bereiten sie direkt auf die nächste Saison vor. Mit Gründüngung etwa oder Mulch aus Rasenschnitt oder Laub. Auch die Beete, in denen noch Pflanzen gedeihen, mulchen wir regelmäßig. Dann bleibt das Wasser, mit dem wir gießen, nämlich länger gespeichert und dampft nicht direkt weg.

Die meisten Obstgehölze geben im August alles – unsere Nachbarn müssen ihre Apfelbäume abstützen. Auch die Kirschen, Pflaumen und Co. tragen ordentlich. Ob unsere Obstbäume auch mal vor lauter Früchten ins Ächzen kommen?

Ehrlicherweise haben wir mit unserer Gemüseernte meist schon genug zu tun und sind ganz froh, dass sich nicht noch mehr zu Hause im Kühlschrank und in der Abstellkammer stapelt. Denn so viel Gemüse, wie wir heimtragen, können wir gar nicht auf einmal essen. Den Salat verputzen wir frisch, der Rest wandert mal auf den Teller, mal ins Einmachglas. Für die Kartoffeln benötigten wir im zweiten Gartenjahr noch eine Lösung – und schwupps, war das nächste DIY-Projekt geboren: eine Kartoffelmiete. Die zu bauen stand ganz oben auf der To-do-Liste. Kleiner Spoiler: Bis heute haben wir den Punkt noch nicht abgehakt.

Ein Termin, den wir im August nie auslassen: uns Zeit zu nehmen, die Perseiden zu begucken. Ein Meteoritenschwarm, den wir ab dem 12. August – bei klarem Himmel – vom Garten aus beobachten können. Um unsere Wohnung herum lässt die Lichtverschmutzung nicht zu, dass wir den Sternschnuppenregen sehen. Im Kleingarten wird es nachts aber richtig dunkel. Dort haben wir zum Beispiel auch den Blutmond, eine partielle Mondfinsternis, im Juli 2019 beobachten können. Mit bloßem Auge. Und ihn sogar mit einer ganz normalen Kamera fotografisch festgehalten. Auch dafür ist so ein Garten gut!

Viel zu ernten, viel zu tun. So lässt sich das Gärtnern im September zusammenfassen. Wir fahren weiter Anhänger um Anhänger nach Hause.

## »Die Zucchinischwemme schlägt zu!«

Die berüchtigte Zucchinischwemme hatte uns voll im Griff. Meine Mutter hatte uns davor gewarnt: »Entweder, einem gehen alle Pflanzen ein, die Schnecken übernehmen – oder aber die Zucchinischwemme schlägt zu«, erklärte sie uns einmal, »dazwischen gibt es nicht so viel«. Dann nämlich, wenn man nicht damit rechne, gediehen alle Pflanzen, die Schnecken blieben auf wundersame Weise fern, und man könne pro Woche mehrere Kilo davon ernten. Und richtig: Nachdem uns unsere allerersten Zucchinipflanzen noch erfroren sind, können wir uns seitdem Jahr für Jahr vor den Zucchini kaum retten. Egal wie viele Pflanzen wir setzen. Wir verschenken das Gemüse an Nachbarn und Freunde. Alfred und Helga stehen immer an erster Stelle. Im ersten Erntejahr legten wir ihnen an einem Sonntag eine Wochenration Zucchini auf den Gartentisch, während sie spazieren waren. Hoffentlich gehören sie nicht zu den Menschen, die ihre Mahlzeiten schon Wochen im Voraus planen und entsprechend einkaufen, dachten wir. Dann wäre ihre Planung nämlich jetzt gehörig durcheinandergebracht. Am Wochenende drauf waren wir wieder im Garten. Klar, oder? »Danke für die Gurken!«, rief uns Helga über den Zaun zu. »Die sind richtig lecker!« Gurken?! Wir versuchten aufzuklären, aber Helga war überzeugt, dass sie Gurken verarbeitet hatte. Ein paar Minuten Internet-Recherche verriet uns, dass im Norden Deutschlands Zucchini tatsächlich noch nicht lang verbreitet sind. Erst in den Siebzigerjahren, nämlich mit dem Zuzug der Gastarbeiter aus Italien, begann ihr Aufstieg – zunächst in deutschen Supermärkten, später auch in den Beeten von Hobbygärtnernden. Wer hätte es gedacht: Was bei uns beiden zum Gemüse-Standard auf dem Teller und im Garten gehört, ist für unsere Nachbarn eine »Modeerscheinung«.

Im Sommer 2018 zogen wir um und tauschten mehrere Zucchini gegen Möbel: Ein wunderbarer dunkelbrauner Vollholzschreibtisch mit schnörkeligen Schnitzereien sprang dafür heraus. Und ein alter Nähmaschinentisch, der uns als Beistelltisch – also eigentlich Abstellfläche für Zimmerpflanzen – dient. Sie lohnen sich, diese Zucchini!

Neben dem Gemüse, das wir ernteten, hieß es bald Holunderbeeren pflücken. Hier lernten wir: Holunderbeeren haben ein etwa so großes Reifefenster wie Avocados.

An einem Tag hängen noch zu viele rote und grüne Früchte an den Trauben, am nächsten Tag sind sie schon fast vergoren, und es schwirren zahlreiche Fruchtfliegen um sie herum. Nicht mehr ganz so yummy. Dennoch, ein paar Flaschen Saft und Gelee bekommen wir jedes Jahr geerntet.

## Alle Gärtnerhände voll zu tun

Der September ist auch der Monat, in dem wir uns immer wieder dabei ertappen, etwas neidisch über die Zäune und Hecken in die Nachbarsgärten zu schielen. Dort stehen nicht nur tolle Apfel- und Pflaumenbäume, die reichlich Früchte tragen, sondern auch Birnen und Quitten. Einer unserer Nachbarn lässt die Früchte einfach am Baum hängen und wirft sie irgendwann im Spätherbst dann auf den Kompost. Sünde! Wir haben Glück und bekommen von Florians Opa Äpfel und Quitten geschenkt. Und haben dann alle Hände voll damit zu tun – Quitten sind gar nicht mal so einfach zu verarbeiten!

Neben den Erntefreuden heißt es im September wieder Beete vorbereiten und reichlich »Scherereien« im Garten veranstalten: Die Ligusterhecke will geschnitten werden, dazu die Omschi-Pflanzen wie Thuja und Eibe. Außerdem setzen wir jetzt Stauden und Zwiebeln für noch mehr Frühblüher. Wir sind nämlich süchtig geworden nach den Farbklecksen, die sich den zaghaften Sonnenstrahlen im Februar und März entgegenrecken.

Im Oktober setzen wir noch restliche Pflanzen, die wir günstig im Baumarkt kaufen oder uns in der Familie ertauschen. Meine Mutter hat Anfang Oktober Geburtstag, die ideale Gelegenheit für eine Runde Gärtchen-wechsel-dich. Mit Geschenken und ein paar Pflänzchen fahren wir raus aufs Land. Mit einer IKEA-Tasche voller Pflanzen und Stecklingen geht's dann abends wieder rein in die Stadt.

Dazu kommen die Pflanzen, die wir – meist viel zu spät – bestellen, weil es uns dann doch noch mal packt. Unsere allerersten Apfelbäume etwa. Die setzten wir in Gartenjahr Nummer eins quasi in einer Nacht-und-Nebel-Aktion, mit Stirnlampe, denn sie waren erst Ende Oktober geliefert worden. Und wir schafften es nur nach der Arbeit raus in den Garten, da unsere Wochenenden pickepackevoll waren. Also schlüpften wir in der Dämmerung halb blind in unsere Gummistiefel und schulterten Spaten und Schaufel, um dann abwechselnd drei Löcher zu einer Apfelbaumhecke auszuheben, während der/die andere die Taschenlampe hielt. Funktionierte auch. Als wir das nächste Mal im Hellen im Garten waren, stellten wir fest, dass der mittlere Baum etwas aus der Reihe tanzte. Ob sich das noch verwachsen würde?! »Ach, dahinter setzen wir sowieso unseren Teich, dann fällt das niemandem mehr auf«, sagte Florian und winkte ab. Die Lösung hoppelte schon sehr viel früher vorbei. Ein paar Wochen später nämlich machte sich ein Feldhase über die Bäumchen her und »sägte« einige Äste herunter. Jetzt sahen unsere Apfelbäume so seltsam aus, dass niemand mehr drauf achtete, dass einer schräg eingesetzt war.

Wir lernten, dass der Oktober der perfekte Monat ist, um Pflanzen vor Wildverbiss zu schützen. Rehe haben wir nicht im Garten, aber die Feldhasen, die um die Start- und Landebahnen des nahe gelegenen Flughafens herum leben, statten unserer Parzelle gern mal einen Besuch ab. Ein Jahr nach den Apfelbäumchen waren unsere Zwetschge und die Reneklode dran. Wir rechneten nicht damit, dass sich die Hasen dafür interessieren würden – schließlich waren die Bäume schon recht groß, als wir sie setzten. Doch dann begann es zu frieren und zu schneien. Eines Samstagmorgens kamen wir in den Garten, und ich wunderte mich zunächst, wieso Florian den Bäumen einen eigentlich unnötigen Pflanzschnitt verpasst hatte – so akkurat waren die Äste abgefressen. Schnell stellten wir fest: Kein Zweibeiner hat die Bäume beschnitten, sie kamen schließlich schon pflanzfertig geliefert. Ein Tier mit sehr scharfen Zähnen muss hier sein Unwesen getrieben haben. Beim Kontrollgang einmal um die Hütte herum begegnete ich dem Übeltäter dann auch. Mit riesigen Augen schaute er mich kurz fragend an, machte dann schnell kehrt und rannte davon. Wir treffen ihn – oder einen seiner Artgenossen – seitdem regelmäßig auf unserer Parzelle und drum herum an. Und versorgen unsere kleineren Obststräucher und -bäume seitdem ab Anfang Oktober bis Mitte März mit einem Feldhasen-Schutz. Direkt um die Pflanze kommt ein engmaschiger Kaninchendraht. In etwas Abstand dazu setzen wir dann einen zweiten Zaun. So kommt kein Hase auf die Idee, sich durch den Kaninchendraht zu frickeln.

Mal abgesehen von den eher ungebetenen Gästen gibt es natürlich auch gern gesehene Tiere im Garten. Kurz nach der Gartenübernahme beobachteten wir einen Igel, der ganz geschäftig über den Rasen wuselte – und hoffentlich schön viele Eier von Nacktschnecken und anderen Quälgeistern knackte. Aus Ästen und Laub bauten wir ein Igelhotel. Ob jemand drin eincheckte? Wir trauten uns nicht, nachzuschauen, um die Winterruhe der piksigen Gesellen ja nicht zu stören. Unser Insektenhotel ist über den Winter übrigens immer voll ausgebucht – hier legen bereits im Sommer Wildbienen fleißig ihre Eier ab, die sie hinterher »zumauern«, sie verkleben die Ablageorte mit einer Art Lehmgemisch. Im Frühling bohren sich die Mini-Bienen dann ihren Weg ins Freie – und los geht's mit dem Gesumme und Gebrumme auf unserer Parzelle!

Für Vögel hängen wir Futterknödel und -ringe auf und streuen Nüsse aus. Diese Futterstellen sind hoch frequentiert. In unserem Gärtchen an der Wohnung bieten wir ähnliches Futter an. Hier können wir diversen Meisen, aber auch Eichelhähern beim Futtern zugucken. Und Eichhörnchen. Die fahren scheinbar auch total ab auf das fette Vogelfutter. Nun gut, solange dann alle Tiere glücklich sind und von unseren Obstbäumchen fernbleiben, soll uns das ja nicht stören.

Neben den Maßnahmen für und gegen Tiere kümmern wir uns noch einmal intensiv um unsere Beete. Wir säen auf die abgeernteten Flächen eine Gründüngung. Phacelia, der Bienenfreund, Lupinen und Senf dürfen hier wachsen.

Gründüngung hilft dabei, dass der Boden schön bedeckt bleibt und Wind, Regen, Sonne und Frost die Erde nicht auslaugen. Wenn die Pflänzchen eine gewisse Größe erreicht haben, pflügen – oder vielmehr harken – wir sie einfach unter. Was wir im Oktober säen, können wir entweder Ende Dezember oder sonst nach den Frösten Ende Februar oder Anfang März in die Erde einarbeiten.

Dort freuen sich Regenwürmer und andere Helferlein über das frische Grün. Und verwandeln es über die nächsten Wochen in lockere, nährstoffhaltige Erde. Lupinen und Rotklee etwa sorgen für reichlich Stickstoff im Boden. Andere Pflanzen lockern einfach nur den Boden auf, weil ihre Wurzeln so weit verzweigt sind – Buchweizen, Raps und Ringelblumen etwa. Wieder andere Pflanzen wie besagte Phacelia oder Senf verdrängen ungewolltes Unkraut und bilden später viel Grünmasse.

## Winterruhe

Bei uns stehen im Oktober aber längst nicht alle Beete leer. Unser Grünkohl fängt erst ab Ende Oktober oder Anfang November so richtig an zu schmecken, nämlich mit den ersten Nachtfrösten. Unser Wintersalat steckt die kühleren Temperaturen ohne Schaden weg und zaubert uns kräftigstes Grün – und natürlich Nährstoffe – auf den Teller. Gemüse wie Rote Bete, Möhren, Kohlrabi und Co. ernten wir meistens noch bis in den Dezember oder manchmal in den Januar hinein. Die Beete, in denen wir noch ernten, kontrollieren wir regelmäßig auf Frost- und Fraßschäden und entfernen ungebetenes Beikraut.

Noch dazu haben wir ein wachsames Auge auf unsere Kräuter. Frostbeulen wie den Rosmarin ziehen wir vom Beet in einen Topf um. Nachdem uns der im ersten Winter in der Gartenhütte vertrocknet war, darf unser neuer Rosmarin, nun in eine Luftpolsterfolie gewickelt und an die Gartenhütte gekuschelt, überwintern. Das bekommt dem mediterranen Gewächs sehr viel besser, als in der

Hütte zu versauern. Denn: Ab und zu bekommt der Topf ein bisschen Regen ab, und die Luftfeuchtigkeit bewahrt ihn noch dazu vorm Austrocknen. Licht sieht der Rosmarin ebenfalls genug, durch die Folienschicht ist der Topf aber vor Frost geschützt. Und da sich die Wand unserer ja sehr dunkel gestrichenen Gartenhütte bei Sonne aufwärmt, genießt der Rosmarin an der Stelle sogar eine richtige Vitamin-D-Kur plus Wärmepackung.

Im Oktober machen wir auch noch einmal ein abschließendes Gewese um den Rasen. Der hat sich bis dahin ein wenig vom heißen Sommer erholt, Rasen mähen lohnt sich noch mal richtig. Und ist auch wichtig. Denn wer zu spät im Jahr noch mäht, riskiert, dass das Moos den Rasen verdrängt.

Ende Oktober wird bei uns ja immer das Wasser abgestellt. Bis die ersten stärkeren Fröste kommen, versorgen wir unsere Beete mit Regenwasser aus den Regentonnen und dem IBC-Container. Aus diesen lassen wir dann aber das Wasser ab, sobald strengere Temperaturen unter null angesagt sind. Im ersten Jahr haben wir das zu spät umgesetzt, und zack – hatten wir einen Frostriss im Fass!

Der November und der Dezember sind gartentechnisch gesehen die ruhigsten Monate bei uns. Wir fahren regelmäßig raus, um nach dem Rechten zu sehen und die verbliebenen Gemüse und Salate zu ernten. Abgesehen davon passiert nicht allzu viel. Futter für die Tiere nachfüllen, kontrollieren, was die Herbststürme so angerichtet haben. Und das eine oder andere Projekt umsetzen!

Im ersten Gartenjahr bastelten wir uns eine Kleiderstange aus Kupferrohren selbst. Vorbei waren die Zeiten, in denen wir Jacken und Co. einfach auf die Stühle warfen. Im zweiten Jahr als Kleingärtnernde bauten wir einen Schrank, der uns gleichzeitig als Küchenzeile dient. Und in Jahr drei setzten wir unsere Pläne für eine Outdoorküche um und nutzen unsere freien Wochenenden im November und Dezember zum Lackieren der Teile. Solange es nicht weniger als fünf Grad hat, geht das nämlich gerade noch so.

Solche Projekte überbrücken wunderbar die Zeit, bis der Kleingartenkreislauf wieder von vorn beginnt und wir endlich wieder in der Erde herumgrubbern können!

## *Die wichtigsten To-dos in einem Gartenjahr*

**Januar:** das Gartenjahr planen und Saatgut bestellen; wenn nötig, Pflanzen und Rasen von Schnee befreien
**Februar:** Anzucht auf der Fensterbank starten; wenn nötig, Pflanzen und Rasen von Schnee befreien
**März:** Anzucht auf der Fensterbank sowie erste Aussaaten in den Beeten vornehmen; Stauden, Bäume, Sträucher und Co. pflanzen; Bäume und Sträucher schneiden
**April:** Saatkartoffeln setzen; Stauden, Bäume, Sträucher und Co. pflanzen; Rasen pflegen
**Mai:** Anzucht von der Fensterbank in die Beete setzen; Zier- und Nutzpflanzen mulchen, bei Bedarf düngen und wässern
**Juni:** Hecken schneiden (nach dem 24. Juni); Zier- und Nutzpflanzen mulchen, bei Bedarf düngen und wässern
**Juli:** Aussaat für die zweite Jahreshälfte (z. B. Wintersalate) vornehmen; Beete nach der Ernte düngen oder

Gründüngung aussäen; Zier- und Nutzpflanzen mulchen, bei Bedarf düngen und wässern
**August:** Zier- und Nutzpflanzen mulchen, bei Bedarf düngen und wässern
**September:** Hecken, Bäume und Sträucher trimmen; Zwiebeln für Frühblüher setzen; Stauden, Bäume, Sträucher und Co. pflanzen; Zier- und Nutzpflanzen mulchen, bei Bedarf düngen und wässern
**Oktober:** Hecken, Bäume und Sträucher trimmen; ein letztes Mal den Rasen mähen; Zwiebeln für Frühblüher setzen; Stauden, Bäume, Sträucher und Co. pflanzen; Garten winterfest machen
**November:** Garten winterfest machen; wenn nötig, Pflanzen und Rasen von Schnee befreien
**Dezember:** das Gartenjahr planen und Saatgut bestellen; wenn nötig, Pflanzen und Rasen von Schnee befreien

## Bye-bye Garten-Idylle

Langweilig wird es trotz dieses »Circle of Garden Life« nie. Von Jahr zu Jahr verändern wir etwas. Bauen neue Beete auf, pflanzen neue Bäume und Sträucher, setzen auf anderes Gemüse. Oder krempeln generell noch einmal alles um. So wie im zweiten Gartenjahr – das aber gezwungenermaßen. Gerüchte hatte es schon länger gegeben, eigentlich, seitdem wir den Garten übernommen hatten. Unser Boden, den wir ja als Ablageort für Schutt, Schlacke und eventuell auch das Bernsteinzimmer kennengelernt haben, ist noch dazu mit Schwermetallen belastet. Blei, Zink, Kupfer, Chrom, Nickel, Cadmium und

Quecksilber stecken drin – und das nicht zu knapp. So konkrete Ergebnisse lieferte die Gerüchteküche im Verein nicht, und auch Nachfragen bei Nachbarn und dem Vorstand ergaben zunächst nichts. »Wir haben hier vier Jungs großgekriegt«, erklärte uns Alfred, auf die angebliche Bodenbelastung angesprochen. »Ich bin hier aufgewachsen, und was seht ihr? Bin doch groß und stark geworden hier. Oder etwa nicht?!«, sagte Vereinsvorstand Walter. »Ich mach ja nur noch Zierpflanzen«, gab der Sommerschreber zu bedenken. Eine Nachbarin, Mutter von vier Kindern, riet: »Ich würd hier ja nichts anpflanzen!« Ihre Kinder dürften nur im Sandkasten und im Hochbeet mit Baumarkterde buddeln, sonst nirgends. Schwarz auf weiß habe sie auch nichts gesehen. In unserem zweiten Gartenjahr gab der Landesverband eine neue Broschüre heraus, worin stand, dass Vereinsvorstände transparenter kommunizieren sollen. Kurz darauf bekamen wir ein Papier ausgehändigt, das uns informierte, dass unsere Parzelle sehr wahrscheinlich zu denen mit einer Bodenbelastung gehöre. Wir seien deshalb von der sogenannten Drittel-Regelung entbunden. Diese gibt sonst vor, dass Kleingärten mindestens zu einem Drittel für den Obst- oder Gemüse-Anbau genutzt werden müssen.

Etwas alarmiert forderten wir konkrete Ergebnisse ein, die der Vorstand aber nicht vorliegen hatte. Also wurden wir selbst aktiv. Nach umfangreicher Recherche im Internet und per Telefon fanden wir einen Anbieter, der Bodenproben von Hobbygärtnernden analysierte. Gar nicht so einfach, die meisten solcher Analyse-Labore arbeiten nur für Landwirtschaft Betreibende oder andere Profis auf dem Gebiet des Lebensmittelanbaus. Wir nahmen

Bodenproben und schickten diese ein. Das Ergebnis war zunächst einmal niederschmetternd: Blei, Zink und Kupfer sind besorgniserregend hoch in unserem Boden angereichert. Cadmium, Quecksilber, Chrom und Nickel überdurchschnittlich. Die Erkenntnisse warfen uns ganz schön aus der Bahn. Ein paar Tage lang überlegten wir, die Parzelle aufzugeben, aber dafür hatten wir schon zu viel Arbeit hineingesteckt und gerade erst unsere Gartenhütte fertiggestellt. Den Garten einfach nur noch als sogenannten Freizeitgarten zu nutzen, kam für uns aber auch nicht infrage. Wir wollten weiterhin Gemüse, Kräuter, Salate und Obst darin anbauen. Aber: War das überhaupt noch möglich?! Nach dem ersten Schock recherchierten wir etwas tiefer und informierten uns über die Schäden, die Schwermetalle im menschlichen Körper anrichten können. Das ist ein bisschen, wie wenn man seine Symptome bei Google eingibt. Von »völlig harmlos« bis »Todesurteil« ist gefühlt alles dabei. Was wir lernten: Schwermetalle können alle möglichen schädlichen Einwirkungen auf den Köper haben. Zink und Kupfer braucht der menschliche Körper sogar, sie können aber, zu hoch dosiert aufgenommen, Vergiftungen hervorrufen. Hier braucht es wohl aber eine sehr hohe Dosierung über einen langen Zeitraum, um Konzentrationsschwierigkeiten und andere Beschwerden hervorzurufen. Cadmium dagegen steht im Verdacht, Brustkrebs auszulösen. Eine übermäßige Bleiaufnahme kann zu Nervenschäden führen, aber auch Störungen der Blutbildung sowie Magen-Darm-Krankheiten und Nierenschädigungen auslösen. Uff. Ab welcher Konzentration Schwermetalle dem Körper wirklich schaden, scheint niemand so genau bemessen zu können. Oder wie lange und wie oft man den Übeltätern ausgesetzt sein muss, bis Schäden auftreten. Wir fühlten uns zurückversetzt auf Los. Aber ohne Geld einzuziehen oder andere Vorteile zu genießen.

Was unsere Recherche immerhin hervorbrachte: Kleingärtnernde in Großstädten haben oft mit einer Bodenbelastung zu kämpfen. In Berlin etwa sorgt das hohe Verkehrsaufkommen auf den Straßen und in der Luft dafür, dass sich sehr viel Feinstaub niederschlägt. Da viele Kleingärten sich in der Nähe von großen Straßen oder Flughäfen befinden, ist das selbst angebaute Gemüse und Obst oft stark belastet. Die Kleingärten im Ruhrgebiet und im Raum um Bitterfeld/Wolfen in Sachsen-Anhalt sind durch den Kohleabbau stark mit Schwermetallen verseucht. Im Schwarzwald gibt es zahlreiche Landstriche, die durch den Erzabbau ebenfalls stark belastet sind. Zu wissen, dass wir nicht allein waren mit unserer neuen Herausforderung, half zumindest ein bisschen, unsere Emotionen etwas zu ordnen. Wir gingen davon aus, dass die hohe Konzentration der Schwermetalle auf unserer Parzelle aus zwei Richtungen kam. Aus dem Boden, in dem sich schließlich ein Sammelsurium von Schutt und vor allem Schlacken befand, und aus der Luft – wir sind ja nicht weit weg vom Flughafen. Aus Gesprächen mit Nachbarn und Bekannten, die in der Nähe aufgewachsen sind, erfuhren wir, dass bis vor Kurzem Flugzeuge einfach Kerosin in der Luft über den Gärten abgelassen hatten, um ihre Landeerlaubnis erteilt zu bekommen.

Dieses erste Zwischenergebnis löste unsere Probleme leider nicht. Was machten wir nun mit unserem Kleingarten? Immerhin schafften wir es, etwas durchzuatmen und die Sache rational anzugehen. Wir stellten eine Anfrage ans Umweltamt der Stadt Hamburg mit der Bitte um Informationen und Hilfestellung. Während wir auf eine Antwort warteten (und das tun wir bis heute), recherchierten wir, was gegen Schwermetallbelastung helfen kann. Wir hatten Glück: Andere Umweltämter waren etwas aktiver und hatten Infomaterialien sowie konkrete Handlungsanweisungen für Kleingärtnernde, aber auch Haus- und Grundbesitzende herausgegeben. Auch einige wissenschaftliche Papers fanden wir in den Archiven von Hochschulen für Landwirtschaft und Gartenbau. So erfuhren wir, dass nicht alle Obst- und Gemüsepflanzen diese Metalle in gleicher Konzentration aufnehmen. Wenn man Obst nach der Ernte gut wäscht, kann man hier wohl unbesorgt sein. Auch Nüsse sind meist nicht stark belastet. Bei Gemüsesorten verhält es sich ganz unterschiedlich und ist nicht ganz so einfach. Salatpflanzen und Kräuter kann man bedenkenlos verzehren – gut abgewaschen, versteht sich. Stielgemüse wie Mangold oder Knollengemüse wie Möhren, Rote Bete oder auch Spargel können hingegen sehr viel Schwermetall in den essbaren Teilen der Pflanzen anreichern. Hier kommt es aber zusätzlich darauf an, wie nährstoffreich der Boden ist. Sind jederzeit viele Nährstoffe für die Pflanzen verfügbar, ziehen sie weniger Schwermetalle. Je ausgelaugter jedoch der Boden, desto eher wandern die Metalle in die Pflanzen. Doch es gibt auch Pflanzen, die Schwermetalle regelrecht aufsaugen, egal, welche Qualität die Erde hat. Brennnesseln etwa sind solche »Magneten« für Schwermetalle. Und eine bestimmte Sorte Senf ebenfalls.

Außerdem gilt: Wer auf mit Schwermetall belastetem Erdboden gärtnern möchte, sollte diesen möglichst unberührt und geschlossen lassen. Umgraben war nun also ganz offiziell verboten! Auf Nummer sicher gingen wir laut den Infomaterialien, die uns vorlagen, wenn wir möglichst weit vom Erdboden entfernt gärtnerten. Deshalb wurden Hochbeete empfohlen. In diesen sollten wir dann keine eigene Erde mehr verwenden, sondern nur noch unbedenklichen Mutterboden und Kompost dazukaufen.

Leichter gesagt als getan. Als uns all das aufging, hatten wir schon Anfang April – die erste Aussaat hatten wir schon gemacht. Zum Glück fast nur Salate und anderes Blattgrün, das zu den eher unbedenklichen Gemüsen gehört. Noch dazu hatten wir bereits vier Hochbeete aus unserer ersten Gartensaison, über die wir uns nun doppelt freuten.

Unser Rhabarber wartete allerdings schon sehnlichst darauf, geerntet zu werden. Ebenfalls ein Top-Kandidat für die Anreicherung von Schwermetallen. Und was sollten wir eigentlich mit der ganzen Marmelade machen, alles wegwerfen?! Wir warnten zunächst einmal unsere Verwandten und Freunde, die wir im ersten Gartenjahr so reich beschenkt hatten, und suchten einen Dienstleister, bei dem wir Lebensmittel, nämlich Rhabarber und Spargel, testen lassen konnten. Den Spargel hatten wir eher zufällig beim Unkrautjäten entdeckt. Der blühte im Herbst des ersten Gartenjahres auf einmal unter einem Rhododendron. Ein Blick in unsere Pflanzenbestimmungs-App bestätigte unseren Verdacht: Bei uns im Garten wächst grüner Spargel!

Um den nun auch genießen zu können, wollten wir ihn unbedingt testen lassen. Gar nicht so einfach, denn wieder schien es nur Anbieter für professionelle Firmen aus der Lebensmittelbranche zu geben. Freunde von uns sind Chemiker und hatten einen heißen Tipp für uns. Nun mussten wir nur noch entscheiden, welche Gemüsesorten wir auf welche Schwermetalle hin untersuchen lassen wollten. Unsere Wahl fiel auf Rhabarber und Spargel, da die Stangen nach unseren Recherchen relativ viel Schwermetall anreichern. Jeweils drei Stängelchen ernteten wir und schickten diese ein, um sie auf Blei- und Cadmium-Belastung testen zu lassen. Die Konzentration von Zink und Kupfer in unserem Boden wurde vom ersten Testlabor als nicht allzu kritisch eingeschätzt. Und Quecksilber wird weniger vom Gemüse selbst angereichert.

Wir nehmen das Schwermetall über die Haut und die Schleimhäute auf – indem wir den Boden umgraben, zum Beispiel.

Das Ergebnis ließ etwas auf sich warten. Die Mitarbeiter im Labor waren gerade der Reihe nach im Pfingsturlaub, was für uns bedeutete, dass wir knapp zwei Wochen warten mussten statt der normalen drei bis fünf Tage. Nach zwölf quälend langen Tagen dann flatterte das Testergebnis bei uns in die Hauspost. Beide Gemüse hatten den Test bestanden und wiesen unter 0,05 Milligramm Blei pro Kilogramm und weniger als 0,01 Milligramm Cadmium auf. Der von der EU erlaubte Grenzwert liegt bei jeweils 0,1 Milligramm pro Kilogramm. Puuuh, noch einmal Glück gehabt. Trotzdem: So ganz wohl war uns nicht, denn die Werte konnten sich mit der Zeit verschlechtern. Und wir durch die Bearbeitung des Bodens die Schwermetalle lösen und einatmen oder über die Haut aufnehmen. Also beschlossen wir in Gartenjahr Nummer zwei, noch mal alles grundlegend umzubauen. Allerdings erst zum Frühling unseres dritten Gartenjahres hin, denn inzwischen war die Gartensaison schon vorangeschritten, und wir hatten unser Budget größtenteils bereits für den weiteren Ausbau der Gartenhütte verplant.

## Neustart im dritten Gartenjahr

In Gartensaison Nummer drei starteten wir so quasi noch einmal bei null und planten alles neu. Wir bauten unsere drei großen Beete ab und stellten dafür neun kleinere auf. Aus Palettenrahmen, die schon lasiert waren, bauten wir Hochbeete. Das ging so schnell, dass wir fast bereuten, unsere vier großen Hochbeete komplett selbst gebaut zu haben. Aber: Die waren aus massiven Douglasienbrettern und würden ungefähr ewig halten. Die Palettenrahmen hingegen bestanden aus viel weicherem Holz. Da wir ahnten, dass wir mit dem Befüllen der neun neuen Beete genug zu tun haben würden, war uns in dem Moment aber alles recht, was ein wenig Zeit sparte. Wir beschlossen, dass wir eben nicht alles selbst bauen müssen. Immerhin: Drei Kartoffelpyramiden zimmerten wir selbst aus dicken Baudielen. In einer Kartoffelpyramide lassen sich durch das Prinzip des vertikalen Gärtnerns auf kleinster Fläche hohe Erträge erzielen. Platz hätten wir eigentlich genug bei uns im Garten, aber wir wollten nicht noch mehr Beetflächen anlegen, um den Boden nicht unnötig aufzuwühlen. Und die Pyramiden lassen sich auch leichter pflegen und gießen. Pro Gebilde bauten wir fünf quadratische Rahmen, von denen einer jeweils etwas kleiner war als der andere. Wir schichteten die Rahmen, um 45 Grad versetzt, übereinander auf, sodass kleine Ecken entstanden. In jede Ecke setzten wir eine oder zwei Pflanzkartoffeln, so würden die Pflanzen Platz haben zu wachsen. Wir sparen uns mit dieser Konstruktion etwas Arbeit beim Häufeln – denn unter den Rahmen ist es relativ dunkel, hier können die Knollen gut fern der Sonne reifen. Unkraut rupfen geht auch schön einfach und rückenschonend. Denn statt uns in Richtung Boden zu bücken, können wir hier ganz bequem im Vorbeigehen mal ungebetene Gäste entfernen.

Übrigens auch ein ganz großer Vorteil unserer Paletten-Hochbeete. Um diese nachhaltig zu bewirtschaften, befüllen wir sie in vier Schichten: Zuunterst wandern Äste und Reisig sowie Strauchschnitt in die Beete. Darauf sollen eigentlich umgedrehte Grassoden geschichtet werden. Diese Schicht lassen wir aus – zu groß ist die Gefahr, die Beete mit Schwermetallen aus dem Boden zu verseuchen. Als Schicht Nummer drei ist Rindenmulch oder anderes Gehäckseltes vorgesehen. Mist tut es auch. Da der nächste Bauernhof aber leider zu weit weg ist, weichen wir auf Rindenmulch aus. Darauf geben wir Kompost, den wir früher säckeweise vom Baumarkt geholt haben, inzwischen aber auf dem Recyclinghof kaufen, dort ist er nämlich viel billiger, bei ähnlich guter Qualität. Und: Der Kompost stammt aus der Region. Obendrauf schichten wir Erde. Diese besorgen wir im Baumarkt und lassen sie uns liefern. »Oh, ihr handelt mit Erde? Kann ich euch ein paar Säcke abkaufen?«, fragte uns der Gartenimker, der am Tag der ersten Lieferung zufällig an unserer Parzelle vorbeiradelte und die Palette voller Erdsäcke bestaunte. »Eigentlich nicht«, entgegneten wir und erklärten die Situation. Der Gartenimker nickte verständnisvoll. »Wir haben auch gleich alles auf Kompost gesetzt«, erzählte er. Bodenproben habe er nie genommen. Aber: »Sicher ist sicher.« Genau unsere Devise!

# Kapitel 7

## Die vielen Gesichter eines Gartens – Grundlagen der Gartengestaltung

Wir finden: Mehr Gärtnernde braucht das Land! Und freuen uns sehr, dass wir Freunde und Bekannte mit unseren Gartenaktionen inspirieren. Eine ehemalige Schulfreundin von mir fragte mal bei uns an, ob wir sie bei der Neugestaltung ihrer Dachterrasse unterstützen könnten. Ein gemeinsamer Freund zeigte uns nach dem Umzug als Erstes stolz seine mit Kräutern, Salat und Radieschen bepflanzten Balkonkästen. Auch unsere Wohnungsnachbarn haben wir mit dem Gärtnern angesteckt. Im Frühling, nach unserem Umzug in die neue Wohnung, machten wir Klarschiff in unserem gemeinsam genutzten Gärtchen. Wir fällten ein paar Bäumchen, die sich gegenseitig Licht und Nährstoffe nahmen und die der vom Vermieter beauftragte Gärtner hatte stehen lassen. Danach schnitten wir Hecken und bändigten die Ranken von Brombeeren, Efeu und wildem Wein, die sich wild im Garten ausgebreitet hatten, und rupfen Unkraut. Da wurden Erinnerungen wach an unsere ersten Schritte im Kleingarten!

Es brauchte nicht lange, und wir bekamen Unterstützung von unseren Nachbarn. Ruckzuck hatten wir zusammen aus der Wildnis einen zwar immer noch etwas wilden, aber immerhin funktionalen Familiengarten gemacht, in dem sich unsere Nachbarn sogar ein paar Beete anlegten, die sie sehr erfolgreich und motiviert begärtnerten. Mission accomplished – wieder zwei Menschen auf die grüne Seite des Lebens gezogen!

Die Garten-Fangemeinde wächst immer weiter: Ein befreundetes Pärchen haben wir so angefixt, dass sie nun auch einen Kleingarten pachten. Und zwar nicht irgendeinen. Den direkt neben uns, der früher unserer Nachbarin Christa gehörte. Hurra! Jetzt erlebten wir quasi eine Win-win-win-Situation: Wir freuten uns sehr, dass wir Gartennachbarn bekamen, die wir schon kannten und sehr schätzten. Und klar – dass wir sie für das Gärtnern gewinnen konnten! Die beiden hingegen waren froh, uns als ihre Mentoren zu haben, weil sie nicht so erfahren in Sachen Garten und DIY waren. Die größte Hürde der beiden auf dem Weg zu ihrer Entscheidung: »Ich bin mir nicht sicher, ob wir so viel Zeit für den Garten übrig haben wie ihr«, sagte unsere Freundin, als wir gemütlich auf der noch improvisierten Terrasse brunchten. »So viele Beete, allein das Ganze zu gießen …!« Ihr Freund nickte und fügte hinzu: »Also, alles selber zu bauen ist auch nicht drin, Heimwerkern ist nicht so mein Ding!« Aber den Zahn hatten wir den beiden schnell gezogen. Unser Motto: Alles kann, nichts muss!

Denn wir haben es uns ja ganz aktiv ausgesucht, so viel wie möglich selbst zu machen und uns mit Gemüse, Kräutern und Salat durch den Kleingarten weitestgehend selbst zu versorgen. Was dann in der Konsequenz heißt: Wir haben viele Beete, wir pflanzen viel an, wir müssen viel Zeit investieren, um diese zu pflegen und zu gießen.

Die Gartenhütte und die DIY-Projekte, die wir drum herum umsetzen, bedeuten Zeitvertreib und Spaß für uns, sie sind kein Muss.

Wir mögen das Gärtnern, sind gern draußen und werkeln für unser Leben gern. Mit unserem Kleingarten haben wir den perfekten Ort gefunden, diese Leidenschaften miteinander zu verknüpfen. Und klar, wir liegen auch einfach nur mal gern in der Sonne. Das aber meist sehr kurz. Was wir im Urlaub immer wieder feststellen: Wir sind keine Sonnenliegen-Nutzer, sondern eher Aktiv-Urlauber. Nach ein bis zwei Tagen der Entspannung am Strand darf es gern etwas mehr Action sein. Ab Tag drei zieht es uns spätestens raus aus dem Chiller-Modus. Wir wandern, wir gehen wellenreiten, oder wir tanken Kultur. Interessanterweise hat unser Drang zu verreisen seit Gartenübernahme deutlich abgenommen. Klar fahren wir gern noch weg und tauchen ein in andere Kulturen. Aber eben nicht mehr so oft und so spontan wie vorher. Eine lange Reise im Jahr plus ein paar kürzere Städte- oder Wandertrips reichen uns vollkommen aus.

Neben all den Projekten, die auf uns im Garten warten und die wir dort nur zu gern umsetzen, dient unsere Parzelle uns nämlich auch zur Entspannung. Wir lassen unter der Woche stressige Arbeitstage dort ausklingen oder erholen uns am Wochenende von einem Hangover. Letzteres gern auch in Kombination mit ein bisschen Unkrautrupfen. Das geht nämlich auch, ohne groß drüber nachzudenken, und lenkt einen ganz prima ab vom Katzenjammer der Nachwirkungen einer durchzechten Nacht.

»Gartenarbeit ist mein Yoga« – dieser Spruch begegnet uns öfter mal auf T-Shirts, Schildchen für den Garten oder in Werbeanzeigen auf Instagram. Wir können dem nur zustimmen. Nicht nur ein Kater lässt sich gut vertreiben mit ein bisschen gärtnern. Auch Frust abbauen klappt prima, wenn wir ein Beet so richtig gründlich durchhacken oder einen Strauch beschneiden. Bei stupiden Tätigkeiten, wie dem Schippen und Umherkarren von Erde oder dem Streichen von Holzbrettern etwa, lässt es sich hervorragend über eine Sache nachdenken. Wir grübeln nicht – wir gärtnern einmal darüber! Ganz so spirituell wie echtes Yoga ist es zwar nicht, kommt aber ganz nah ran.

Gärten können aber noch viel mehr sein als nur Gemüsefarm und Ruhepol. Bei uns im Kleingartenverein gibt es zahlreiche Familien, die ihre Parzellen als privaten Spielplatz nutzen, auf dem die Kinder in einem geschützten Raum allein oder mit ihren Kita- und Schulfreunden spielen können. Spieltürme, Sandkästen, Trampolins, aber auch herumliegendes Spielzeug zeugen davon, genau wie die Luftballons, die ab Mai bis in den Herbst hinein regelmäßig an den Toren hängen – viele Familien feiern die Geburtstage ihrer Kinder ganz groß im Kleingarten.

Viele unserer Mit-Gärtnernden nutzen ihre Parzellen als grünes Wohnzimmer – manchmal auch als Outdoor-Fernsehlounge. Besonders bei internationalen Fußballturnieren steht die Geselligkeit im Kleingarten hoch im Kurs. Je nach Spielplan wird unter der Woche oder am Wochenende schon ab dem frühen Nachmittag der Grill angeworfen, tönen Fangesänge und Kommentar-Fetzen durch die Vereinsanlage. Dazu entweder Jubel, enttäuschtes Raunen oder entrüstetes Aufschreien.

Für wieder andere ist der Kleingarten einfach nur der Ort, um sich nach Feierabend und am Wochenende zu entspannen. Und das bitte bei möglichst wenig Arbeit. Sonnenliegen und -schirme sind die wichtigsten Gartenaccessoires für die Vertreter dieser Zunft.

Die besten Gärten sind die, in denen irgendwie alles davon funktioniert. In denen man sich entspannt und gern auch sonnt, wenn das Wetter es zulässt, Zeit mit Freunden und Familie verbringt, mit den Kindern herumtobt – und in denen ganz nebenbei noch Gemüse, Obst, Kräuter und Co. wachsen. Das Geheimnis dieser Multifunktionsgärten liegt darin, dass sie in verschiedene Zonen unterteilt sind, die alle einen bestimmten Zweck erfüllen und dafür optimiert sind. Und die am besten harmonisch ineinander übergehen, sodass einem selbst und auch den Gästen gar nicht auffällt, dass es sich um unterschiedliche Zonen handelt.

## Mu-Fu-Ga – so wurde unsere Parzelle zur Multifunktionsfläche

Das Bundeskleingartengesetz gibt mit der sogenannten Drittel-Regelung für Parzellen direkt vor, was darin passieren soll. Ein Kleingarten ist eine Grünfläche, die »zur nichterwerbsmäßigen gärtnerischen Nutzung, insbesondere zur Gewinnung von Gartenbauerzeugnissen für den Eigenbedarf und zur Erholung dient«. Erholung per Vorschrift quasi. Viel wichtiger ist allerdings, dass laut der sogenannten Drittel-Regelung eben ein Drittel der Fläche als Nutzgarten erkennbar sein sollte. Ausnahmen macht das Gesetz nur für Gärten, die deutlich größer sind als die 300 bis 400 Quadratmeter, die eine reguläre Parzelle normalerweise umfasst. Oder wenn eben die Bodenqualität so zu wünschen übrig lässt, dass ein Anbau von Gemüse, Obst und Co. dort nicht möglich ist.

Heißt: Ein Kleingarten braucht Beete für die besagten Gartenbauerzeugnisse und dazu Obstbäume und/oder -sträucher. Auch Nussbäume und -sträucher sind als Nutzpflanzen anerkannt. Bisher noch nicht offiziell Teil eines Nutzgartens, obwohl der Natur sehr zuträglich, sind Bienenweiden mit Wildblumen, so wie wir eine haben. Um zu einem Kleingarten zu werden, muss auf einer Parzelle eine Gartenlaube stehen. Und sie braucht eine Erholungsfläche, also zum Beispiel einen Rasen.

Wir planten unseren Garten so, dass die Gartenhütte so weit wie möglich von der Gartenpforte entfernt ist. Das Ziel: dort so viel Privatsphäre wie möglich zu haben. Ein Plan, der überhaupt nicht aufging – Spaziergänger winkten uns fröhlich zu, wenn wir auf unserer Terrasse saßen. Gehört wohl zum Kleingartenleben dazu.

Den Tipp des Wartelisten-Garten-Vorstands im Ohr, möglichst sichtbar zu gärtnern, stellten wir unsere Beete hauptsächlich im vorderen Bereich der Parzelle auf. Wir bemerkten bald, dass Nachbarn und Passanten hier gern mal hineinschauen, und erklären nur zu gern, was wir hier alles anbauen. So brachten wir Friedrich – vom Typ Kontroletti, mit wenig Sinn für wildes Wachsen im Garten – einige ungewöhnliche Sorten näher, rote Gartenmelde etwa oder auch Asiasalat. »Modern«, wie er sagt. »Was wächst denn auf dem Beet da?«, fragte der Sommerschreber und zeigte auf unser Kartoffelbeet. Es stellte sich heraus, dass er das gefühlt deutscheste aller Gemüse noch nie in freier Wildbahn hatte wachsen sehen! Für unseren Vereinsvorstand ein alter Hut: »Die Herbstferien hießen bei uns ja früher Kartoffelferien«, erzählte Walter einmal, »und wir mussten dann schön ran, ernten!«

Hinter den Beeten liegen die Flächen, die wir direkt nach der Gartenübernahme als Rasen auserkoren hatten. Hier war das Gras am kräftigsten gewesen – und das Moos am besten herauszubekommen. Die Rasenflächen rahmten wir mit weiteren Nutzpflanzen ein, hier setzten wir Obstbäume und -sträucher: eine Reihe schwarze Johannisbeeren, unsere Apfelbaum-Reihe, eine Zwetschge, eine Reneklode. Später kamen noch ein Plattpfirsich sowie ein Mandelbäumchen hinzu. Und eine Winterkirsche – die ist aber nur Zierpflanze. Sie erfreut uns im Winter mit ihren Blüten, die Früchte sind allerdings nicht genießbar. Zwischen Rasenflächen und Gartenhütte befinden sich unser Grill-Areal sowie mehrere Beete mit Zierpflanzen und unsere vier großen Hochbeete. Ursprünglich wollten wir auf die Fläche unsere Obstbäume stellen. Hier merkten wir aber schnell, dass der Boden sehr verdichtet war. Die Bäume hier hineinzubekommen hätte sehr viel Arbeit bedeutet. Und gewachsen wären die Bäume hier vermutlich auch nicht so gut.

Um unsere Gartenhütte herum ist es eher funktional gehalten: Hier stehen die Regenfässer und der IBC-Container – klar, denn die Regenrohre gehen ja von der Laube selbst ab. Auch das Gewächshaus und unsere Tomatenbushaltestelle haben wir in der Nähe der Hütte platziert. Das hat einen praktischen Grund – wir wollten das Regenwasser in der Nähe haben. Inzwischen haben wir auch eine Terrasse vor der Gartenlaube, die das Nützliche mit dem Angenehmen verbindet – denn ins Geländer haben wir Erdbeeren gepflanzt und damit eine weitere Möglichkeit geschaffen, Gartenbauerzeugnisse wachsen zu lassen. Hinter der Gartenhütte befindet sich der »Abhang«. Zum Nachbargrundstück geht es von hier aus steil bergab. Wir haben bisher noch keinen wirklichen Plan für diesen Part des Gartens. Oder vielmehr: viel zu viele! In einer Ecke schlummert der Kompost vor sich hin, versteckt unter einem riesigen Holunderbaum, der auf der Grenze steht. Ebenfalls auf der Grenze gepflanzt sind zahlreiche Haselnusssträucher. Oder sollten wir lieber Bäume sagen?! Dazu zwei Pflaumenbäume. Wir sind nicht ganz sicher, wem die Früchte gehören, ernten auf unserer Seite aber immer fleißig ab. Florian hat in einer der vielen Gartenverordnungen, die es da draußen gibt, gelesen, dass das durchaus okay ist. Und da der Nachbar der Quittenverschwender ist, denken wir, dass er sich nicht wirklich drum schert, was mit »seinem« Obst passiert. Fragen können wir ihn nicht, zu selten ist er auf der Parzelle, und anders als bei anderen Nachbargärtnernden haben wir auch seine Telefonnummer nicht.

Wir haben an unserem Abhang schon mehrere Experimente gewagt. Abgesehen von zwei Funkien mögen es Zierpflanzen dort nicht so. Die drei Heidelbeerpflanzen, die wir setzten, starben schneller ab, als wir reagieren konnten.

Die Topinamburen, die wir aus einer Gemüse-Abo-Kiste übrig hatten, lieben es hingegen dort unten. Aus ein paar Knollen, die wir vergessen hatten zu ernten, entstand im Gartenjahr Nummer zwei ein regelrechter Wald, direkt an der Grenze zu unserem Nachbarn. Da wir es bisher versäumt haben, eine Rhizomsperre in den Boden einzusetzen, buddeln wir die Knollen immer wieder großzügig aus.

Abgesehen davon wachsen am Abhang nur noch eine Haselnuss und eine Walnuss, deren Mitteltrieb wir gekappt haben, sodass sie mehr in die Breite als in die Höhe wächst – und damit in die Kleingartenregelung passt. Dazu wuchern reichlich Ackerwinde, Brennnesseln und Klettenlabkraut. Alle paar Wochen dämmen wir diese mithilfe der Akku-Sense ein. Das muss fürs Erste reichen. Den Abhang mit Plan und Liebe umzugestalten steht definitiv auf unserer To-do-Liste – aber meistens gibt es einfach viel, viel wichtigere Aufgaben im Garten. Unsere Visionen für die Fläche reichen von einem Steingarten bis hin zu einem Nachbau der Hängenden Gärten der Semiramis. Man muss ja schließlich noch Ziele haben!

## Wie wir Nutz- und Erholungsflächen in Einklang bringen

Doch wie kriegt man eigentlich all die unterschiedlichen Zonen und Funktionen eines (Klein-)Gartens unter einen Hut? Am wichtigsten sei es, verbindende Elemente zu schaffen und natürliche Wege zu nutzen, rät unser liebster Gartenguru Monty Don. Leider nicht uns persönlich, sondern den Menschen, die er in seinen TV-Shows so besucht. Wir nehmen seine Ratschläge per Streaming- und Mediatheken-Angebot aber nur zu gern an. Die Wege zu den funktionalen Teilen des Gartens, also Gewächshaus, Regenfässer, Kompost und so weiter, müssen vor allem eins sein: kurz und möglichst direkt. Auch die Beete an sich müssen gut erreichbar sein. In anderen Teilen des Gartens gönnen wir uns etwas mehr Verspieltheit.

Als wir den Weg von der Gartenpforte zur Gartenhütte in Gartenjahr Nummer drei umgestalteten, beließen wir ihn nicht, wie zu Beginn geplant, schnurstracks, sondern legten zunächst in der Mitte zwischen Hütte und Pforte ein Hügelbeet an, ganz bewusst »im Weg«. So lenkten wir die allzu neugierigen Blicke von Spaziergängern etwas ab, die uns sonst gefühlt manchmal direkt in die Gartenhütte schauen konnten. Den Weg führten wir drum herum, wodurch er ein paar Schwünge und Kurven erhielt. Dadurch schafften wir ein organischeres Gefühl, das unserer Meinung nach viel besser zu uns und unserem Garten passt. Wir lieben zwar unseren geometrisch angelegten Bauerngarten, weil er so schön praktisch ist. Drum herum darf es aber ruhig etwas natürlicher und weniger wie am Reißbrett geplant aussehen. Und durch die Pflanzen, die wir in unserem Bauerngarten aussäen und setzen, ist dieser auch nicht komplett ordentlich und akkurat.

Nicht nur Wege verbinden die einzelnen Teile eines Gartens. Auch Materialien oder Farben und nicht zuletzt die Bepflanzung schaffen Übergänge und Harmonien. Bei uns im Kleingarten überwiegen Weiß-, Grau- und Naturtöne. Dagegen sticht das Rot auf dem Dach unserer Gartenlaube, auf der Verkleidung des IBC-Containers und der Außenküche regelrecht heraus. Die Einfassungen unserer Gemüsebeete sind passend zur Laube in Anthrazit lasiert. Die vier großen Hochbeete sowie unsere Terrasse sind aus Douglasie gebaut, einem Holz, das zunächst einen rosafarbenen Stich hat – sehr zu meiner Freude. Über die Zeit verwittert das Holz, die Farbe blich aus in Richtung Grauweiß, was unserer Meinung nach sehr gut zur Hütte und den restlichen Beeten passt.

Die Wegplatten, mit denen wir unseren Schlängelpfad durch den Garten gelegt haben, sind grau. Das Inselbeet und zwei weitere Blumenbeete haben wir mit Natursteinen eingefasst. Die sind dagegen fast schon bunt: Manche sind dunkelgrau, manche fast weiß, manche rot – und wieder andere vereinen gefühlt alle Farben in sich. Allerdings sind die Steine überhaupt nicht aufdringlich eingefärbt – Natursteine eben – und fügen sich dadurch sehr harmonisch ins Bild, wenn wir den Blick durch den Garten schweifen lassen.

Ordnung und Verbindungen oder – gewollte – Brüche entstehen außerdem durch die Pflanzen, die man setzt. Einmal durch die Farben, die die Pflanzen mitbringen, dann auch durch die Art der Blätter und Blüten und nicht zuletzt durch die Größe. Monty Don rät, mit verschiedenen Ebenen zu spielen, um den Augen immer etwas Neues zum Gucken zu geben, aber auch nicht zu viele unterschiedliche Pflanzen pro Gartenabschnitt zu pflanzen. Sieben ist die magische Zahl der Sorten, die sich höchstens in einem Beet oder einem Teil eines Gartens tummeln sollen. Für das Inselbeet, das wir neu anlegten, wollten wir uns fest daran halten. Dadurch, dass wir dann doch hier und da Pflanzen geschenkt bekamen, die perfekt hier hineinpassten, ging der Plan dann aber doch nicht ganz auf. Wir beschränken uns außerdem auf zwei Farben – neben den unterschiedlichen Grüntönen, die die Pflanzen mitbringen: weiß und blau. Wir haben im Rest des

Gartens schon viele bunt blühende Pflanzen stehen, weshalb wir uns hier etwas zurückhalten wollen.

Was für uns nicht ganz so wichtig ist, aber trotzdem zur Beet- und Gartenplanung gehört: Mit bestimmten Pflanzen und Materialien lassen sich auch richtige Stile im Garten umsetzen. Wer etwa einen japanischen Garten plant, wählt ganz andere aus als jemand, der beispielsweise einen Cottage Garden nach britischem Vorbild anlegt. Ein japanischer Garten ist vor allem zur Zierde und Erholung gedacht. Durch den klassischen japanischen Wandelgarten führt etwa ein Wasserlauf, an dem entlang und über den man mithilfe von naturbelassenen Steinen schreiten kann. Meist hat ein japanischer Garten auch einen Zen-Part, also eine Fläche mit Kieselsteinen, die man zu einem bestimmten Muster harkt. Die Pflanzen, die diese Art von Garten dominieren, sind immergrüne Bäume, die oft in Bonsaiform geschnitten sind. Dazu kombiniert man Moose und Flechten, Kamelien, Azaleen, Farne, Bambus – und natürlich japanische Fächer-Ahorne.

Demgegenüber steht der Cottage Garden, der Landhausgarten in der britischen Tradition. Dieser dient zwar auch der Entschleunigung des Alltags und soll zum Verweilen einladen, ist aber vor allem eins: üppig. Die Wege, die durch den Garten führen, sind kaum auszumachen vor lauter Pflanzen, die sich daran schmiegen und zum Teil auch darüberlegen. Mauern und Treppchen sind ebenfalls oft versteckt unter grünen Teppichen. Sitzecken werden oft von einer Pergola eingefasst und überdacht. Runde, naturnahe Formen überwiegen. Außerdem spielt man mit unterschiedlichen Blütenfarben und Wuchshöhen der einzelnen Pflanzen. Zu den Gewächsen, die man in einem britischen Cottage Garden oft sieht, zählen Hortensien, Hartriegel und Rosen als üppige Sträucher, dazu Ranken wie Efeu oder Clematis oder auch wieder Rosen. Ergänzt werden diese mit diversen Gräsern und einjährigen Blütenpflanzen wie Stockrosen, Dahlien, Rittersporn, Margeriten. Auch Kräuter finden ihren Platz. Dekorationen, etwa aus Emaille oder Zink sowie altem Holz, runden einen Cottage Garden ab.

## Kultur-Clash oder Zen-Harmonie?

Wir können beiden Varianten sehr viel abgewinnen und überlegen sogar, in weiterer Zukunft beides kombiniert umzusetzen. Wir haben da nämlich noch einen Part im Garten, in dem vor allem unsere nur halbherzig geliebten Omschi-Pflanzen wuchsen: zwei Eiben und ein riesiger Rhododendron. Dazu standen auf der Fläche ein Farn, eine bisher nicht weiter bestimmte Art Gras und eine Hortensie. Der Boden war bedeckt mit einem Mix aus Giersch, Vergissmeinnicht, kriechenden Erdbeeren sowie einem Immergrün. Im Frühling tummelten sich hier noch dazu zahlreiche Frühblüher.

Es juckt uns in den Fingern, die Bäume in dem Abschnitt nach Bonsai-Art zu beschneiden und den Rest ebenfalls in Richtung eines japanischen Gartens umzugestalten. Ein erster Baumschnitt ist getan. Dazu haben wir den Boden entkrautet und erste typische Pflanzen gesetzt: einen Ahorn, mehrere Farne und unsere Funkien vom Abhang. Doch die stehen nicht einfach in Erde. Die Basis bildet eine sogenannte Stumpery – ein Baumstumpfbeet.

Inspiriert dazu hat uns einmal mehr Monty Don. Und unser Nachbar, der Sommerschreber. An einem Samstag im Frühjahr unseres Gartenjahrs Nummer drei kamen wir in den Garten und freuten uns: Der Sommerschreber war am Werkeln, wir waren nicht allein draußen! Bis uns eine Sache ins Auge fiel: Die Zierkirsche fehlte, sie war abgesägt worden. Der Baum hatte relativ nah an der Grenze zu unserem Grundstück gestanden und mit seinen tollen rosafarbenen Blüten im März zahlreiche Bienen angelockt. »Oh nein, war die Kirsche morsch?«, fragte Florian über den Zaun hinweg. »Nö«, sagte der Nachbar, »ich wollte mal was anderes, konnte den Baum irgendwie nicht mehr sehen.« Klar: Der Baum war sicher drei bis vier Meter hoch, der hatte dort eine Weile gestanden. Aber wie um alles in der Welt kann man sich an einem Kirschbaum sattsehen?! Die Blüten, die Kirschen, die silbrige Rinde ... wie froh wir gewesen wären, so ein Exemplar bei uns stehen zu haben! Wir Baumlosen waren richtig erschüttert. Und sicherten uns wenig später das gute Stück zumindest in Einzelteilen. Der Sommerschreber hatte Stamm und Äste klein gesägt und einfach auf Christas Grundstück, das gerade frei geworden war, entsorgt. Wir schichteten das Holz unter unsere Eiben und den Rhododendron. Die Lücken füllten wir mit Erde und setzten Pflanzen hinein, die zu einem Waldboden passen würden – Farne, Gräser und Waldmeister. Das verrottende Holz bildet dabei über Jahre einen Dünger für die Pflanzen und bietet kleineren Tieren wie etwa Käfern Unterschlupf. Der Plan ist, das Baumstumpfbeet stetig zu erweitern und so die Oma-Ecke in eine kontrollierte Wildnis nach unserem Geschmack zu verwandeln. Es noch dazu zu einer

Art japanischer Insel werden zu lassen wäre sozusagen die Kirsche auf der Sahne auf der Torte. Wie gesagt: Man muss ja noch Ziele haben!

Was es dagegen bei uns vermutlich nicht geben wird, ist ein mediterraner Garten. Wir lieben es, Urlaub rund ums Mittelmeer zu machen, und kochen auch viel Mediterranes – unter anderem mit Kräutern wie Rosmarin, Thymian oder auch Salbei, die bei uns im Garten wachsen. Größere Pflanzen wie Oliven- und Zitronenbäumchen, Hibiskus, Oleander und Bougainvillea sind aber doch recht empfindlich für unser nördliches Klima. Klassisch mediterrane Gärten kommen noch dazu nicht ohne Terrakotta aus. Als Töpfchen für uns durchaus tolerierbar, in Form von großen Kübeln oder Mauern können wir damit aber nicht viel anfangen. Zu viel Orange, zu wenig kompatibel mit unserer »schwarzen« Gartenhütte.

Das Höchste der Gefühle in Sachen mediterranes Gärtnern: Auf unserer Haben-will-Liste steht in jedem Fall eine Kräuterspirale. Diese ist ohne die Kräuter-Klassiker vom Mittelmeer natürlich nicht denkbar, aber zumindest ohne orangefarbene Steine umsetzbar.

Was uns auch nicht auf die Parzelle kommt: ein »Garten des Grauens«, wie sie der gleichnamige Instagram-Kanal betitelt. Viele der Negativbeispiele, von denen es täglich gleich mehrere gibt, schimpfen sich »moderne« Gärten. Die Grundlage: Kieselsteinflächen, gern in einer Trendfarbe. Manche dieser Wüsten werden schlicht mit Gabionen – also mit Steinen gefüllten Korbmauern – eingefasst. Oder es werden einzelne, ganz und gar jämmerlich aussehende Hainbuchen, Kirschlorbeer oder zu Säulen gezogene Nadelbäume inmitten dieser Felder gesetzt. Oder einfach nur Topfpflanzen scheinbar zufällig auf ebensolche mit Steinchen überfluteten Flächen aufgestellt. Manchmal werden auch Skulpturen oder Vogelhäuschen oder ähnliche Deko-Elemente darauf platziert. Der Fantasie scheinen hier keine Grenzen gesetzt. Oder eben sehr enge.

Eins muss man den »modernen« Gärten lassen: Pflegeleicht sind sie – Unkraut gibt es jedenfalls nicht viel zu jäten. In unserem Kleingartenverein gibt es auch eine Reihe von Menschen, die diese Art des Gärtnerns betreiben, wenn auch in gemäßigterem Rahmen. Kieselsteinwüsten und die Drittel-Regelung schließen sich – zum Glück! – aus.

## Inspiration an jeder Ecke

Immer wieder lassen wir uns neu inspirieren, Teile unseres Gartens umzugestalten oder überhaupt erst einmal zu formen. Dafür nutzen wir unter anderem Social-Media-Plattformen. Auf Pinterest bekommen wir ganz automatisch Vorschläge für neue Projekte oder zur Gestaltung von Terrasse, Teichen und anderen Garten-Features angezeigt.

Neue Gemüse- und Obstsorten entdecken wir bei Bloggern, Instagrammern und Gleichgesinnten in Facebook-Gruppen. Die Mexikanische Minigurke ist so ein Inspirations-Ding. Wir hatten sie auf mehreren Profilen gesehen und probierten uns dann auch an dem Fruchtgemüse, das wie irgendetwas zwischen Gurke und Melone schmeckt.

Neben Buchklassikern rund ums Gärtnern schmökern wir in Coffee Table Books und Zeitschriften und schnuppern auf diese Weise hinein in grüne Oasen, die verdächtig nach unserem Traumgarten vor unserer Kleingartenkarriere aussehen. An regnerischen Tagen suchen wir uns durch Garten-Sendungen von und mit Monty Don oder Alys Fowler bei der BBC. Ans britische Garten-TV kommt unserer Meinung nach bisher nichts heran.

Nicht nur von Großbritanniens Cottage Gardens lassen wir uns inspirieren, auch im Urlaub finden wir Anregung für unsere Gartengestaltung und träumen zurück zu Hause von Blumenfeldern wie in den Niederlanden, Guerilla-Gardening im Hinterhof wie in London oder Kopenhagen, bunt bewachsenen Steinmauern und Wegen wie in Italien oder Portugal oder einem Zen-, Farn- und Moosgarten wie in Japan. Dass wir nur die wenigsten Ideen umsetzen können, stört uns nicht weiter. Oft bringen uns unsere Streifzüge und Spaziergänge in anderen Städten oder Ländern auf ganz neue Gedanken und kurbeln unsere Fantasie an. Manchmal sind es auch Gebäude oder Kunstwerke, die uns für eines unserer Projekte im Garten Modell stehen. Doch nicht nur in der Ferne sind wir immer auf der Suche nach Inspiration – oft gehen wir nach »Feierabend« noch eine Runde durch unseren Kleingartenverein oder stromern durch die benachbarten Gärten. Gefallen uns Pflanzen oder Garten-Elemente besonders, landen sie auf unserer gemeinsamen Notizenliste oder unserem Garten-Pinterest-Board und finden sich so oder abgewandelt irgendwann bei uns auf der Parzelle wieder.

## Ein guter Garten ist vor allem eins: niemals fertig!

Das Schöne an einem Garten ist, dass er eigentlich niemals fertig wird und immer wieder Raum für neue Projekte oder Gestaltungsideen bietet. Gerade, wenn man nicht von Beginn an schon alles zu hundert Prozent durchgeplant hat, sondern bewusst Platz für spätere Ideen und Projekte lässt. Unsere Parzelle wächst mit uns und unseren Ideen und verändert sich stetig – je nachdem, wie viel Energie wir gerade übrig haben und bereit sind hineinzustecken. Wichtig ist, jedenfalls für uns, dass zunächst mal die Basics abgesteckt und vorerst »fertig« sind: Gartenlaube, Wege, Gemüsebeete – sofern man denn welche haben will. Als diese Basics standen, pickten wir uns kleinere Projekte heraus, sodass wir zwischendrin mehr Zeit zum Verschnaufen hatten und die »Früchte« unserer Arbeit genießen konnten. Und: Wir merkten, dass wir kreativer werden, je weniger Druck wir uns mit dem Thema »Fertigstellen« machen. So lassen wir das Baumstumpfbeet in dem Tempo wachsen, in dem wir an Totholz kommen. Es muss nicht gleich auf Anhieb perfekt sein. Auch unsere Wildblumenwiese musste nicht gleich im ersten Jahr schon aussehen wie der *Landlust* entsprungen. Wir probierten aus, was eigentlich bei uns wächst – und was nicht. Im ersten Versuch gingen nur Kornblumen, Ringelblumen und Cosmeen auf. Der dazu noch ausgesäte Mohn sowie die extra dafür gekaufte Blühstreifenmischung hingegen kamen nicht. »Nächstes Jahr dann«, sagen wir uns immer wieder und freuen uns über die Blütenpracht, aus der wir regelmäßig Wildblumensträuße für den Esstisch zu Hause abschneiden.

Eins unserer nächsten Ziele in Sachen Gartengestaltung ist, dass rund ums Jahr etwas blüht oder anderweitig einen Farbtupfer liefert. Dank mehrfacher Zwiebelsteck-Aktionen sind wir mit Frühblühern wie Krokussen, Schneeglöckchen, Winterlingen, Tulpen, Hyazinthen und Co. gut versorgt. Ab Ende Februar bis in den Oktober hinein blüht es schon bei uns. Auch im Winter tut sich einiges, das Farbe auf die Parzelle zaubert. Wir haben etwa eine Christrose und auch eine Winterzierkirsche. Es darf sich zwischen Dezember und Februar gern aber noch mehr tun im Garten. Ganz oben auf der Liste steht deshalb eine Zaubernuss, am liebsten in Rot. Auch den Duftschneeball haben wir ins Auge gefasst. Und noch weitere Exemplare der Christrose, von der sind wir regelrecht angefixt, so fotogen ist sie!

Dazu wollen wir noch den Übergang zwischen Herbst und Winter farbiger gestalten. Während noch ein paar versprengte Blumen aus dem Spätsommer blühen, sieht es bei den Stauden und Gehölzen etwas mau aus. Immerhin: Ein Pfaffenhütchen haben wir, dass tapfer seine pink-orangefarbenen Beeren im Spätsommer und Frühherbst leuchten lässt. Es muss auch nicht immer gleich bunt blühen, auch buntes Laub an Stauden und Sträucher kann für Abwechslung sorgen. Wir liebäugeln mit einem japanischen Ahorn, der ein bisschen Farbe bringen soll. Der sibirische Storchschnabel verwandelt seine grünen Blätter im Herbst in dunkelrote Hingucker – müssen wir haben! Auch Roten Hartriegel werden wir unter Umständen in den Kleingarten setzen, der blüht zwar nicht farbig – die Äste leuchten dafür knallrot.

Um nicht nur fürs Auge zu pflanzen, sondern auch unseren Garten-Mitbewohnern etwas Gutes zu tun, werden wir außerdem zu unseren Menschenobst-Pflanzen noch einige Sträucher mit auffällig gefärbten Beeren setzen. Eine Schlehe etwa, eine Eberesche, oder eine Berberitze. Die sind besonders für Wildvögel sehr attraktiv und bringen uns gleich doppelt, nein eigentlich dreifach Freude. 1. Wir locken damit noch mehr gebetene Gäste in den Garten. 2. Wir können uns auch in Herbst und Winter am Anblick der Beeren erfreuen. 3. Einige der wilden Beeren, Schlehen zum Beispiel, eignen sich hervorragend als Deko-Elemente. Wir werden also auch über Herbst und Winter unser Zuhause mit Garten-Mitbringseln dekorieren können!

Da wir eigentlich rund ums Jahr im Kleingarten sind und uns dieser auch in Herbst und Winter Draußenwerkstatt und Erholungsort sein soll, werden wir hier noch etwas Herz und Hirn – und nicht zuletzt Geld – hineinstecken. Die meisten unserer Mit-Gärtnernden halten von Ende Oktober bis Mitte Februar Winterschlaf. Aber wer weiß, wen wir noch so alles anstecken können mit unserer Rund-ums-Jahr-Gartenbegeisterung …

## *Fünf Möglichkeiten, einem Garten Gestalt zu verleihen*

### 1. Strukturen

Strukturen bekommt ein Garten dadurch, dass man verschiedene Areale bestimmt. Eine Sitzecke etwa, eine Fläche für den Gemüseanbau, ein Staudenbeet, ein Teich …

Hecken, aber auch Bäume und Sträucher oder andere größere Pflanzen unterstreichen diese Unterteilungen. Wege verbinden die unterschiedlichen Bereiche des Gartens, sie sind der rote Faden im Garten.

**2. Formen**

Schnurstracks oder mit Bögen und Kurven? Wege, Beete, Hecken, ein Teich oder andere Features können ganz unterschiedlich gestaltet sein. Mit dem Aufbau der Gartenlaube kann man einen Stil ebenfalls unterstreichen – eine klassische Blockbohlenhütte mit abgerundeten Balken setzt einen anderen Akzent als ein sehr clean gestaltetes Skandi-Häuschen. Unterschiedlich hohe oder breite Pflanzen helfen auch dabei, einem Garten seine ganz eigene Form zu verleihen.

**3. Materialien**

(Natur-)Stein, Holz, Glas, Metall und nicht zuletzt die Pflanzen: Mit verschiedenen Oberflächen erreicht man ganz unterschiedliche Wirkungen im Garten. In Cottage-Gärten etwa finden sich viele naturbelassene Steine, oft kombiniert mit Elementen aus verwittertem Holz oder auf shabby-chic getrimmtem Metall. Demgegenüber stehen Gärten mit reinweißen Kieseln, Möbeln und Features aus beschichtetem Metall.

**4. Farben**

Schwarzwaldbraun, Skandi-Graublau, ausgefallen bunt … oft kann man schon an der Gestaltung einer Gartenlaube erahnen, was für ein Mensch hier gärtnert. Auch Beete und andere Elemente in einem Garten können einem Farbschema folgen. Holzeinfassungen von Beeten lassen sich in Wunschfarbe lackieren, Steine in unterschiedlichen Abtönungen finden. Auch mit den Blüten- oder

Blattfarben von Pflanzen erreicht man unterschiedliche Effekte im Blumen- oder Staudenbeet.

**5. Pflanzen**

Wer einen japanischen Garten anlegt, wird andere Pflanzen setzen als Menschen mit einem Hang zum Mediterranen. Als Gärtnernde hat man zwei Möglichkeiten: einen Stil durchzuziehen – oder ganz bewusst mit ihm brechen.

# Kapitel 8

## Alles eine Frage des Daumens – Pflanzen für Anfänger

In unserer dritten Gartensaison feierten wir den Siegeszug des Basilikums. Dieses schmackhafte Kraut hatte uns zuvor immer wieder Kopfzerbrechen bereitet. Das Saatgut wollte erst gar nicht aufgehen, und die gekauften Pflanzen verabschiedeten sich nach kürzester Zeit in die ewigen Grüngründe – also auf den Kompost. Und dabei gaben wir uns alle Mühe! Die Topfpflanzen wurden nach dem Einzug bei uns zunächst mal umgetopft. Die Erde lockerten wir mit Sand auf. Wir stellten die Pflanzen brav an einen hellen Ort, aber nicht gleich direkt in die Sonne. Und schon gar nicht an die bitterböse Frischluft, die den empfindsamen Gewächshaus-Pflänzchen gleich den Garaus machen würde.

So weit, so schlecht: Nach spätestens zwei Tagen war Schluss – die Basilikum-Pflanzen ließen Mal um Mal die fluffigen Köpfchen hängen, verfärbten sich gelb oder warfen direkt alle Blätter ab. Später starteten wir noch einen Versuch, in dem wir Stecklinge schnitten und ins Wasser stellten. Erste zaghafte Wurzeln sorgten bei uns für den einen oder anderen Gute-Laune-Anflug. Doch dann schimmelten die Basilikum-Stecklinge – im alle zwei Tage gewechselten Wasser! – einfach vor unseren Augen dahin. Dabei hatten wir doch eigentlich einen grünen Daumen, oder etwa nicht?!

In unserer Gartensaison Nummer drei klappte es dann schließlich. Aus Saatgut zogen wir vier kräftige Pflänzchen, die den Hamburger Sommer mit all seinen Wetterkapriolen – Hitze, Hagel, tagelanger Regen, Wind – überstanden. Ein Ritterschlag quasi! Was am Ende den Ausschlag gegeben hat? Ist uns immer noch ein Rätsel. Wir hatten ehrlich gesagt nicht zu hohe Erwartungen gehabt und das Saatgut nur ausgestreut, weil es in einem Adventskalender enthalten war. Vielleicht ist Basilikum die Katze unter den mediterranen Kräutern? Bloß nicht zu viel Beachtung schenken – dann kommt's von ganz allein!

Ähnliches erlebten wir mit unseren Karotten. Die wollten in unseren ersten Gartenjahren überhaupt nicht gedeihen. Wir säten sie aus, wie auf der Packung beschrieben. Wir pikierten die, die zu dicht standen. Wir gossen und düngten sie wie andere Pflanzen in den Gemüsebeeten auch. Doch kein Glück: Die Pflanzen bildeten oberirdisch sehr viel Grün. Davon getäuscht, zogen wir, um die Wurzeln zu ernten – kümmerliche, blassgelbe Stängelchen, die nach kaum etwas schmeckten. Im dritten Gartenjahr dann schien sich ein Schalter umgelegt zu haben. Wir säten zwei Sorten, einmal dieselbe wie in den anderen Jahren zuvor, dazu kombinierten wir »bunte«, also lilafarbene Möhren. Das Erste, was uns auffiel: Das Grün wuchs nicht mehr ganz so üppig wie in den Jahren vorher – dafür passierte in der Erde sehr viel mehr. Die ersten Möhrchen, die wir probehalber und natürlich viel zu früh ernteten, waren zwar noch mini, schmeckten aber so was von lecker! Fast erwarteten wir, dass nach den ersten guten Ergebnissen die Wurzeln aufhören würden zu wachsen oder von einem ungebetenen Gast im Beet aufgefuttert werden. Doch nein: Sowohl die klassisch orangeals auch die lilafarbenen Karotten wuchsen und wuchsen. Wir ernteten sie den gesamten Sommer über und sogar in den Herbst hinein. So lange hielten sie sich nämlich im Beet, trotz des zum Teil sehr durchwachsenen Wetters und teilweise sehr hoher Temperaturunterschiede, die uns der Sommer bescherte.

Wir hoffen stark, dass sowohl unser Basilikum-Glück als auch die Karotten-Erfolge anhalten. Davon motiviert, wollen wir als Nächstes endlich Brokkoli, Blumenkohl und Rosenkohl erfolgreich auf unserer Parzelle anbauen. An diesen drei Gemüsesorten arbeiten wir uns seit Beginn unserer Kleingärtnernden-Karriere erfolglos ab. Worüber wir uns noch nicht einig sind: Ob wir auch hier die »Alles kann, nichts muss«-Taktik verfolgen oder ob wir extra Zeit und Liebe in die drei Kohlarten stecken. Bei Basilikum wie auch bei den Möhren hat ja erstere Option, das Links-liegen-Lassen, bestens funktioniert.

Neben diesen kapriziösen Kräutern und Gemüsesorten, die nicht so recht wollen, gibt es natürlich auch Klassiker, die eigentlich immer gelingen – das gilt für Kräuter-, Gemüse- und auch Obstsorten. Egal, welche Farbe der Daumen hat.

Der grüne Daumen oder ein gewisses Talent und die Muße zum Gärtnern können natürlich dabei helfen, dass es im Garten sprießt und gedeiht. Aber es gibt immer wieder auch äußere Umstände, die einem die Ernte verhageln können – im buchstäblichen Sinn! Monsunartiger

Dauerregen, glühende Steppensommer, wechselreichstes April-Wetter – wir haben in unserer Kleingärtnernden-Karriere sehr unterschiedliche Gartensaisons erlebt. Ein paar Gemüse und Obstsorten haben bei uns darunter gelitten, andere scheinen sehr robust und davon unbenommen. Neben dem Wetter ist die Bodenqualität entscheidend für die Erträge. Das erfuhren wir in Gartenjahr Nummer drei ebenfalls – da nämlich blieben unsere sonst immer so dicken und sehr ertragreichen Kartoffeln mickerig und wurden gerade mal so groß wie Marshmallows. Wir vermuteten, dass wir Erde genutzt hatten, die zu stark ausgelaugt war. Bei unserer großen Beet-Umbau-Aktion aufgrund der Schwermetallbelastung hatten wir viel Erde hin und her bewegt, sodass wir die Fruchtfolge wahrscheinlich nicht korrekt einhielten. Neben Boden und Wetter spielt noch die Qualität des Saatguts eine Rolle. Was »frisch gekauft« ist, sollte zu einem hohen Prozentsatz keimen. Gelagertes Saatgut verliert mit jedem Jahr etwas an Keimfähigkeit. Besonders dann, wenn es zu warm oder zu feucht lagert. Bei Saatgut, dessen Herkunft wir nicht kennen oder das wir schlicht im Schrank vergessen haben, wenden wir meist eine Keimprobe an. Oder testen, wenn wir noch Platz haben, einfach direkt im Beet oder bei der Anzucht auf der Fensterbank, ob es noch etwas wird.

## Machen ohne Aufwand viel her: Kräuter im Garten

Wer sich an das Thema Gärtnern herantastet und felsenfest davon überzeugt ist, sogar Kakteen und Sukkulenten zum Eingehen zu bringen, beginnt am besten mit mediterranen Kräutern. Die verzeihen einem in der Regel ziemlich viel. Durch die enthaltenen ätherischen Öle sind Schnecken und andere Schädlinge zudem meist auch kein Thema. Besonders eignen sich winterharte Kräuter wie:

- Oregano (auch Wilder Majoran oder Dost)
- Thymian
- Ysop
- Bergbohnenkraut
- Salbei
- Lavendel

Basilikum gedeiht unter gewissen Umständen auch gut, je nachdem, wie talentiert man sich anstellt, übersteht den Winter aber nur drinnen. Am besten an kühlen, aber hellen Orten. Auch Rosmarin eignet sich als Anfängerkraut, muss aber ebenfalls außerhalb des Beetes überwintern. Am besten in einem Topf auf der Terrasse oder dem Balkon, eingeschlagen in Filz, Jute oder Polsterfolie, sodass der Frost keine Chance hat.

Weitere Kräuter, die bei uns im Garten wachsen wie Unkraut, sind diverse Minzen und Zitronenmelisse. Auch mit unserem Muskatellersalbei und dem Echten Waldmeister hatten wir (Anfänger-)Glück. Diese sind sofort angewachsen und vermehren sich fröhlich, sodass wir nur zu gern Saatgut und Stecklinge im Freundes- und Familienkreis verteilen.

Küchenkräuter wie Petersilie, Schnittlauch und Liebstöckel, auch Maggikraut genannt, gelingen meist auch Anfängern ganz gut. Nachdem wir jahrelang versucht hatten, Petersilie aus Saatgut zu ziehen, haben wir schließlich einfach eine Pflanze gekauft und ausgepflanzt. It's magic! Die wächst und wächst und wächst!

## Wachsen quasi von allein: Anfänger-Gemüsesorten

Bei den Gemüsen gibt es ähnlich genügsame Sorten, die quasi von allein wachsen. Wer schnelle Erfolge sehen will, sät Salate und Radieschen aus. Die werden selbst im schmalsten Balkonkasten etwas und lassen sich nach etwa acht Wochen ernten. Etwas mehr Geduld erfordern Spinat oder Melde und Mangold – diese wachsen einfach nur etwas langsamer als Salate, gelingen uns aber eigentlich immer. Rote Beten sind ebenfalls für Garten-Anfänger geeignet und bei uns bisher jedes Jahr etwas geworden. Zuletzt haben wir mit Varianten herumprobiert: Ringelbete oder Gelbe Bete gedeihen ebenfalls sehr gut bei uns im Beet und bringen optisch wie geschmacklich etwas Abwechslung auf den Teller – beide Sorten sind deutlich milder als die Rote Bete und schmecken weniger erdig.

Ebenfalls zur Kategorie Selbstläufer gehören bei uns Erbsen und Bohnen. Wir sind große Fans der Buschbohne Purple Teepee. Die setzt ihre Früchte schön ordentlich oben auf den Blättern an. Das erleichtert uns die Ernte und sorgt dafür, dass Schnecken und Co. erst relativ spät auf die Idee kommen, die Bohnen anzuknabbern, weil sie diese gar nicht wahrnehmen. Stangenbohnen funktionieren im Anfängergarten ebenfalls sehr gut.

Nicht vergessen: eine Rankhilfe bauen. Man kann sogar richtige Tipis aus Stöckern oder Schnüren und eben Bohnenranken entstehen lassen. Je nach Form können die Bohnenzelte ein Element der Gartengestaltung werden. Und: Kinder spielen total gern darin, zum Beispiel Verstecken.

Bei Erbsen sind wir ebenfalls einer Sorte treu, nämlich der Zuckererbse Ambrosia. Die ernten wir schon, bevor die eigentlichen Erbsen reif sind, als Zuckerschoten. Einfach so zum Knabbern oder als Beigabe zum Salat – yummy!

Auch Erbsen haben eine Rankhilfe nötig. Sie bilden tentakelartige Arme, mit denen sie sich gern irgendwo festhalten möchten – zur Not auch an oder in den benachbarten Pflanzen. Ein paar Stecken schaffen hier schon Abhilfe. Neben den hohen Erträgen auch von Vorteil: Erbsen und Bohnen lassen sich einfach direkt ins Beet säen und brauchen danach nicht allzu viel Pflege. Ein bisschen Wasser, etwas Dünger, wenn überhaupt. Auch gegen Schädlinge sind sie in der Regel sehr robust. Wenn die Pflanzen abgeerntet sind, können die Wurzeln als Gründüngung im Boden bleiben – um sie herum ist der nämlich schön mit Stickstoff angereichert.

Neben den super-easy-peasy zu ziehenden Pflanzen aus unserem Kleingarten nicht wegzudenken: Zucchini und Hokkaido-Kürbisse. Diese brauchen zwar etwas Anlauf und mehr Zuwendung als die anderen Gemüse, liefern am Ende aber sehr gute Erträge. Und halten sich lange – Kürbisse zumindest. Die liegen bei uns den ganzen Winter über kühl und dunkel in der Abstellkammer und schmecken auch gelagert sehr lecker. Zucchini bleiben nicht so lange frisch, lassen sich aber bestens zu Pasten oder Ratatouille verarbeiten, sodass wir auch von diesen Früchten lange zehren.

Ein Super-Garten-Anfänger-Tipp: Wollen selbst die einfachsten Gemüse bei der Selbstanzucht nichts werden, ist nichts dabei, Salat- oder Gemüsepflanzen einfach zu kaufen. Kohlsorten, Tomaten und Gurken etwa. Diese aus Saatgut auf eine gewisse Größe zu ziehen benötigt gerade in unseren nördlichen Gefilden relativ viel Zeit und Liebe. Und Sonne. Gerade beim Gärtnern mit Kindern oder wenn man schnell frustriert ist, kann sich das anbieten. Dann feiert man nämlich Ernteerfolge, ohne sein Leben komplett dem grünen Daumen zu widmen. Und kann sich an die Pflanzen der Next-Level-Gärtnernden so langsam herantasten. Wer weiß: Sollte es bei uns mit Brokkoli und Co. längerfristig nicht klappen, behelfen wir uns eventuell auch mit dem Pflanzenkauf.

## Absolut anfängerkompatibel: Beerenobst!

Richtig einfach, beinahe schon idiotensicher, ist es, Obst im Garten anzubauen. Gerade Beeren wachsen quasi von selbst und benötigen meist nicht sehr viel Aufmerksamkeit, vom regelmäßigen Rückschnitt mal abgesehen. Bereits in unseren Balkon- und Hinterhof-Garten-Zeiten hatten wir Erdbeer- und Himbeerpflanzen, die selbst in absolut lichtarmer Nordlage ein paar Handvoll Früchte hervorgebracht haben. Die Pflanzen haben wir in unseren Kleingarten mitgenommen – und deren Nachkommen sorgen ab dem Frühsommer für reiche Erträge bei uns! Sie sind, wie die meisten Beeren, echte Sonnenanbeter und fühlen sich in unserem nach Süden ausgerichteten Garten pudelwohl. Zu den Himbeeren und Erdbeeren gesellen sich inzwischen zehn Johannisbeersträucher, schwarze wie rote. Und zwei Stachelbeerpflanzen. Unsere drei Heidelbeersträucher, die wir eines übermütigen Tages aus dem Baumarkt mitgenommen hatten, überlebten nicht lange. Vermutlich hatte der Boden nicht den richtigen pH-Wert. Wir werden auf jeden Fall einen weiteren Versuch mit Blaubeeren starten – Next-level-Obstproduktion sozusagen.

Beerensträucher sind wirklich sehr dankbare Pflanzen im Garten. Erdbeeren sowieso. Vorausgesetzt, man hat relativ lockeren und nährstoffreichen Boden. Ist das Erdreich stark verdichtet, kann man es ein bisschen auflockern, indem man Sand oder lockere Erde einarbeitet. Zu sandige oder lehmige Böden reichert man mit Kompost oder Laub an. Zu tief mögen Beerensträucher nicht eingepflanzt werden. Erst recht nicht, wenn sie auf eine fremde Basis aufgepfropft wurden, wenn also der Haupttrieb auf eine andere Wurzel aufgesetzt wurde.

Regelmäßig gießen sollte man Beeren, gerade wenn die Früchte wachsen, dann werden diese schön saftig. Im Frühjahr vertragen die meisten Beeren eine Portion Dünger, Hornspäne zum Beispiel. Himbeeren benötigen außerdem eine Rankhilfe.

Das Einzige, was die Pflege der Beerensträucher- und -pflanzen aufwendig gestaltet, ist der Schnitt. Die gute Nachricht: Anders als bei Rosen und Co. macht es nichts, wenn man nicht so zimperlich vorgeht. Beeren vertragen radikale Rückschnitte meist sehr gut. In der Regel muss man nach der Ernte ran und kappt dann die Zweige, die man gerade abgeerntet hat. Bei Himbeeren ist entscheidend, dass es hier zwei Sorten gibt: Sommer- und Herbsthimbeeren. Bei Sommerhimbeeren schneidet man den alten Trieb komplett zurück, sie bilden über den Sommer einen zweiten, neuen Trieb, der dann im kommenden Jahr Früchte trägt. Herbsthimbeeren behandelt man weniger rigoros, die tragen nämlich sowohl an alten als auch neuen Trieben.

Bei Erdbeeren muss man sich nach der Ernte entscheiden: Dann nämlich bilden sie reichlich Ausleger. Diese kann man entweder kappen oder aber in die Erde einpflanzen.

Zu den von uns mitgebrachten und gekauften Beeren im Garten haben wir noch mehrere Holunderbüsche in unserer Obhut – diese haben wir von unserer Vorpächterin geerbt. Unkraut, wie unsere älteren Nachbarn finden. Wir denken: Je mehr Obst, desto besser! Und ernten sowohl die Blüten als auch die Beeren, die man hier im Norden auch als Fliederbeeren bezeichnet. Holunder kann man im Frühjahr oder im Herbst schneiden, besonders knorrige Äste sollte man entfernen, da sie den Strauch sonst morsch werden lassen. Abgesehen davon überlässt man Holunder am besten sich selbst. Wir düngen und gießen die Sträucher nicht, denn sie gedeihen von allein prächtigst.

## *Absolute-Beginner-Pflanzen*

**Diese Kräuter wachsen selbst bei Garten-Anfängern**

- Zitronenmelisse
- Minze (Achtung: verbreitet sich sehr schnell!)
- Schnittlauch
- Thymian
- Salbei

**Diese Gemüsesorten gelingen auch absoluten Garten-Greenhorns**

- Radieschen
- Salat
- Buschbohnen
- Zuckererbsen
- Rote Bete

**Diese Obstsorten eignen sich für Garten-Newbies**

- Erdbeeren
- Johannisbeeren oder auch Jostabeeren (Kreuzung aus Johannis- und Stachelbeeren)
- Stachelbeeren
- Himbeeren (Achtung: vermehren sich unterirdisch, bei Bedarf ausgraben oder am besten eine Rhizomsperre verwenden)
- Brombeeren (Achtung: vermehren sich unterirdisch, bei Bedarf ausgraben oder am besten eine Rhizomsperre verwenden)

Zu den Beerenpflanzen und -sträuchern haben wir schon relativ früh in unserer Kleingartenkarriere Obstbäume oder vielmehr -büsche gesetzt, die zum Teil etwas weniger anfängergeeignet sind. Ich bin am Obstmarschenweg in der Nähe des Alten Lands aufgewachsen – ohne Apfelbäume geht es nicht! Darum haben wir mittlerweile vier Apfelbäume gesetzt, dazu eine Zwetschge und eine Reneklode sowie eine Mispel. Lange haben wir auch mit einem Kirschbaum geliebäugelt – wir sind beide mit tollen alten Bäumen groß geworden. Doch dann stellte sich eines Winters heraus, dass Florian eine Fruktose-Intoleranz hat. Kirschen, Pflaumen und Co. waren damit raus. Wir setzten stattdessen ein Mandelbäumchen und einen Plattpfirsich, die sollen extra-robust gezüchtet sein und damit nicht nur verträglich mit Florians Ernährung, sondern auch unserem etwas raueren Klima.

Generell sind Obstbäume etwas anspruchsvoller als Beerensträucher. »Achtet drauf, dass ihr die richtigen Bestäuber habt«, riet uns meine Mutter, als wir ihr von unseren Obstgarten-Plänen erzählten. Wie so oft folgte daraufhin eine Recherche-Session unsererseits. Und siehe da: Längst in die Untiefen unserer Hinterköpfe verbanntes Bio-Wissen kam plötzlich wieder zum Vorschein.

Fun Fact: Kiwipflanzen zum Beispiel haben ein eindeutiges Geschlecht, wer sie im Garten ziehen will, braucht eine männliche und eine weibliche Pflanze.

Apfelbäume sind zwar in der Regel Zwitter, das heißt, ihre Blüten können sowohl männlich als auch weiblich sein. Sich selbst befruchten können sie aber nicht. Oft sind die Sorten dazu noch intersteril – das heißt, pflanzt man zwei Apfelbäume derselben Sorte nebeneinander, passiert … nichts. Unsere drei Apfelbüsche und der vierte Baum, ein Halbstamm, sind deshalb – und weil wir Fans der Sorten sind – ein Elstar, ein Schöner aus Boskoop, ein Roter Mond und eine Ingrid-Marie.

Bei Pflaumenbäumen und ihren engsten Artverwandten sieht es ähnlich aus wie bei Äpfeln – darum zogen eine Zwetschge und eine Reneklode auf unserer Parzelle ein. Diese sollen sich gut ergänzen. Verifizieren können wir das bisher noch nicht – wir warten noch auf die ersten Früchte, die es bis zur Reife schaffen. Obstbäume benötigen nämlich etwas länger, bis sie die ersten Erträge liefern, und außerdem hatten wir zwischendurch noch Pech mit dem Wetter. Im zweiten Gartenjahr etwa war es so trocken und heiß, dass die vielversprechenden Fruchtansätze einfach aufhörten zu wachsen und die Bäumchen diese abwarfen. Im Jahr drauf dann waren viele Blüten zu sehen, und die Bienen schwärmten auch schon fleißig aus. Ein plötzlicher Kälteeinbruch mit Schnee und Eis ließ nicht nur die Blüten abfrieren, sondern trieb auch die Bienen zurück in ihre Stöcke. Keine Chance auf Bestäubung! Wir drücken uns jedes Jahr wieder die Daumen für unser Stein- und Kernobst. Eines Tages wird es schon klappen – so wie beim Basilikum und den Karotten …

Ob nun Obstbäume, Beerensträucher, Gemüsepflanzen oder Kräuter: Wir kaufen nach Möglichkeit Pflanzen aus ökologischer Kinderstube. Damit unterstützen wir nicht nur in der Regel kleinere Betriebe, die nach ähnlichen Überzeugungen gärtnern wie wir. Das Grün hatte meist auch mehr Zeit, vernünftig zu wachsen, und streicht nicht gleich nach dem Umpflanzen oder beim ersten stärkeren Wind auf der Parzelle die Segel.

## Probieren geht über Gartenbücher studieren

Manchmal entpuppen sich aber auch Geschenke oder Spontankäufe als absolute Geheimtipps. Wir haben bisher zwei Zierpflanzen, die uns sehr überrascht haben. Eine davon war eine gelbe Primel, die eigentlich ein Teil eines Geburtstagsgeschenks von meiner Mama und eher als kurzfristige Deko gedacht war. »Kann ich die einpflanzen?«, fragte ich meine Mama beim Geburtstagskaffee. »Probieren kannst du es ja einfach mal«, antwortete die und lachte. »Es ist ehrlich gesagt nur eine hochgezüchtete Pflanze aus Holland, würde mich wundern, wenn die wiederkommt.«

Call us Pflanzenflüsterer: Die Primel zählt seitdem verlässlich zu den Frühblühern bei uns im Garten und ist mit der erste Farbtupfer im Februar. Eine Christrose, die wir vom Grabbeltisch des Baumarkts gerettet haben, bereitet uns ähnlich viel Freude. Sie blüht ab November bis in den März hinein und ist gerade bei Schnee sehr hübsch anzusehen.

Ein weiterer Geheimtipp: Pflanzen von diversen Discountern. Bei einem Burger-Essen mit anderen Kleingartenfans aus Hamburg, die wir über Instagram kennengelernt hatten, erfuhren wir, dass die Tomatenpflanzen »Alte Sorten« der Kracher sein sollten. »Ich hab die einfach nur ins Beet gesetzt und gar nix damit gemacht«, berichtete uns Sina, »dazu hatte ich gar keine Zeit.« »Und dann?«, fragten wir. »Ja, läuft, ich kann mich totschmeißen damit«, erzählte Sina lachend weiter. Besonders ertragreich bei ihr sei der Rote Russe. Hinter dem etwas seltsamen Namen steckt eine Fleischtomate, »ein bisschen wie diese Ochsenherzen«, beschrieb Sina. Süß, aromatisch und schnellwüchsig: Das klingt ja zu gut!

Wir sind in Gartenjahr Nummer drei auf den Tomaten-Anbau-Zug aufgesprungen. Und waren sofort total angefixt! Nach den ersten Erfolgen mit ein paar wenigen Sorten, wollen wir in Zukunft noch mehr davon anziehen. Dunkle, helle, kleine, große … Je seltener und älter die Sorte, desto besser! Bei einem Saatguttausch bekamen wir ein paar außergewöhnliche Sorten. Nach Sinas Erzählungen werden wir nun auch noch zu gegebener Zeit die Discounter hier im Umkreis abklappern, die meist Mitte Mai mit ihren Gemüsepflänzchen locken. Wer weiß, welche Schätze wir da noch heben?

Nicht nur bei Tomaten lohnt sich das Ausprobieren. Wir haben auch schon gute Erfahrungen damit gemacht, gekaufte Kartoffeln als Pflanzkartoffeln zu nutzen. Ab und zu vergessen wir ja doch ein paar in unserem Rattankörbchen, in denen die Knollen sonst in unserer Speisekammer schlummern, und bringen es dann nicht übers Herz, die schrumpeligen Dinger wegzuwerfen. Nicht alle sind tatsächlich keimfähig, aus manchen Kartoffelsorten ist dieses Talent schlicht herausgezüchtet. Hier ist nach einer Generation Schluss in der Nachkommenskette. Gerade bei Biokartoffeln kann man allerdings Glück haben und aus der Lieblings-Speisekartoffel eigene Knollen züchten. Hallo, Selbstversorgung!

Apropos: Bei uns gelangen Kartoffeln von Anfang an, für uns zählen die Nachtschattengewächse also eindeutig zu den Gemüsesorten, denen auch Garten-Anfänger gewachsen sind. Das Einzige, was die Pflege von Kartoffeln etwas aufwendiger macht, ist das Anhäufeln. Das Errichten der Mini-Erdhaufen um die Pflanzen herum verhindert, dass die Knollen, die im Boden wachsen, die Sonne sehen und dadurch grün und ungenießbar werden. Außerdem werfen Kartoffelpflanzen, die angehäufelt werden, mehr Ertrag ab. In unserem ersten Gartenjahr mussten wir die Pflanzen nach einem Frostschaden mit dem Anhäufeln überhaupt erst einmal dazu überreden weiterzuwachsen. Denn klar, uns sind zu Beginn viele Anfängerfehler unterlaufen! Dass wir das Wetter in Gartenjahr eins unterschätzten, wurde uns ja bereits beim Einsetzen der ersten Zucchini- und Kürbispflanzen zum Verhängnis. Die Kartoffeln litten in dem Jahr aber auch ordentlich. Zwar setzten wir eine sehr frühe Sorte – also eine, die relativ gut niedrige Temperaturen verträgt. Allerdings pflanzten wir sie natürlich etwas zu früh, denn wir konnten es kaum erwarten, endlich loszulegen. Die Rache folgte auf dem Fuße: Als die Pflanzen etwa acht bis zehn Zentimeter hoch aus der Erde lugten, erlebten wir einen knackigen Frost auf der Parzelle. Die Folge: Viele Blätter wurden braun und matschig. Aufgeben oder neu starten waren für uns keine Optionen. Wir entfernten die kaputtgefrorenen Blätter und häufelten die Pflanzen ordentlich an. Und siehe da: Als hätten die Kartoffeln einen ähnlichen Ehrgeiz wie wir, trieben sie in der Folge stärker als vorher aus und schossen förmlich in die Höhe. Der Ertrag unserer allerersten Kartoffelernte war phänomenal.

Was wir stattdessen hätten machen können, anstatt Frostschäden zu riskieren? Die Beete mit Vlies abdecken oder, noch besser, die Pflanzen mit Stroh oder Mulch »einkuscheln«. Hier bewies sich einmal mehr unsere Devise des Failing-forward. Bisher – klopf auf Holz – ist uns kein zweites Mal solch ein Frostschaden passiert.

Frischt das Wetter unerwartet auf, werfen wir einen Blick in unsere Wetter-App und fahren bei Bedarf noch mal in den Garten, um die Beete abzudecken oder einzelne Pflanzen festzubinden. Zum Glück ist das nicht allzu oft nötig, denn viele Pflanzen können sich selbst sehr gut gegen zu viel Kälte schützen.

Wir gärtnern mittlerweile außerdem mit ein bisschen mehr Bedacht. Als in unserem Gartenjahr Nummer drei sehr spät im April Hagel- und Schneeschauer über die Parzelle tobten, blieben wir ganz entspannt. Nichts, was unsere Pflänzchen nicht aushalten würden. Am nächsten Tag sahen wir auf Instagram und in Facebook-Gruppen diverse Beispiele von Gärtnernden, die etwas mehr Pech hatten. Oder einfach ungeduldig gewesen waren. Einigen hatte es nämlich sprichwörtlich die Tomaten verhagelt – die bei uns um die Zeit noch nicht im Garten standen. Aus gegebenem Grund!

Neben Gemüse und Obst wachsen bei uns auf der Parzelle auch reichlich Zierpflanzen. Nicht alle mögen wir gleich gern. Doch die von uns so ungeliebten Omschi-Büsche wie Rhododendron, Eiben und Thujen sind immerhin eins: schön pflegeleicht. Ab und zu ein kleiner Schnitt, das war es eigentlich schon. Auch unsere Frühblüher sind ein Selbstläufer. Die Zwiebeln stecken wir im Herbst, und dann heißt es einfach nur warten. Das Gute: Schneeglöckchen, Hyazinthen, Tulpen und Co. kommen quasi mit einem Frostschutzmittel aus der Erde. Selbst wenn sie etwas zu früh die bunten Köpfe gen Sonne recken und die Temperaturen unter null Grad fallen, überleben sie. In ihren Adern fließt nämlich Stärke in Form von Körnchen, die bei Frost in Glycerin umgewandelt wird. Was wiederum dafür sorgt, dass ihr »Blut« nicht gefriert. Praktisch! Nach der Blüte ziehen sich die Pflanzen einfach wieder zurück. Aufwendiger Rückschnitt fällt also auch flach.

Neben den Frühblühern recht unkompliziert in der Pflege sind auch Gräser und einjährige Blumen. Wenn Letztere denn keimen – wir haben nicht jedes Jahr gleich viel Glück. Mal ist es zu trocken, mal zu nass, mal zu kühl ... Gräser hingegen wachsen eigentlich immer. Und man muss sie nur im Herbst oder Winter herunterschneiden, fertig ist die Laube, äh, die pflegeleichte Beetbegrünung. Kein Wunder, dass wir in mehr und mehr Kleingärten regelrechte Gräserbeete sehen.

Die nächste Stufe erklimmen Gärtnernde mit etwas kapriziöseren Zierpflanzen wie etwa Rosen oder auch Hortensien. Hier lernten wir wieder einmal sehr viel in sehr kurzer Zeit – und zwar nicht unbedingt auf die angenehme Art. Denn die Üppigblüher sind nicht unbedingt Einsteigerpflanzen. So verschnitten wir im ersten Jahr unsere Hortensien und unseren Flieder ganz gewaltig. Mit den Rosen kamen wir schnitttechnisch viel besser klar als gedacht. Hier warteten wir nämlich ganz brav die Forsythienblüte ab und frisierten die zum Teil sehr verwilderten Sträucher im ersten Frühling auf der Parzelle in Form. Wir entfernten Triebe, die zu stark durch die Mitte wuchsen. Die total verholzten Äste mussten auch gehen. Zum Teil lichteten wir die Büsche ziemlich stark aus. Nachdem wir das Gras um die Wurzelstöcke herum entfernt und die Pflanzen mit Hornspänen gedüngt hatten, schlugen die Edelgewächse schnell wieder aus. »Wie schön Ihre Rosen sind«, lobte uns Nachbarin Gerda. »Die haben schon lange keine Liebe mehr erfahren!« Gerda ist übrigens nicht nur Fan von Rosen, sondern auch von uns. »Toll, was Sie immer alles schaffen, und fast alles gemeinsam, Sie sind ja ein richtiges Traumpaar«, lobhudelte sie uns einmal, als wir zusammen Beete aufstellten. Und: »Ihre Frau, die ist so stark!«, schwärmte sie Florian vor, als ich dem Flieder zu Leibe rückte und ästeweise Holz herausschnitt. Dass ich im Eifer des Gefechts ein bisschen zu viel aus dem Flieder herausgenommen hatte und wir in der Folge über ein Jahr auf die weißen Blütenkerzen warten mussten, bemerkte sie zum Glück gar nicht. Von unserer Vorpächterin total vernachlässigt, benötigte der Flieder schon einen starken Rückschnitt – er war total kopflastig, viele Äste drohten beim nächsten Sturm abzubrechen. Der Trick ist aber, nur etwa jeden zweiten oder dritten Ast stark herunterzuschneiden und den Rest dann im Jahr drauf. So erhält man den Strauch insgesamt und muss auf die Blütenpracht nicht verzichten. Für den Fall, dass wir irgendwann noch einmal einen Garten übernehmen sollten, wissen wir nun ziemlich gut Bescheid. Fail forward eben.

Ein ähnlicher Schnitt-Unfall unterlief uns auch mit den Hortensien. Daran knabbern wir bis heute. Die Pflanzen sogar noch ein bisschen mehr. Das Problem: Wir schnitten die Büsche viel zu großzügig ab. So kappten wir aus Versehen nach der Blüte schon die Ansätze fürs kommende Jahr. Denn die Bauernhortensien, die wir im Kleingarten stehen haben, bilden in einem Jahr schon die Knospenansätze fürs nächste Jahr. Hätten wir nachlesen können. Nachdem wir Rosen und Flieder schon erfolgreich – unserer Meinung nach – beschnitten hatten, befanden wir uns in einer Art Rausch und schnippelten einfach drauflos. In Jahr zwei bildeten die Büsche dann schönstes Blattwerk, aber nur vereinzelte Blüten. In Gartenjahr Nummer drei ließen wir die armen Bauerngarten-Gewächse in Ruhe. Aber wohl zu sehr: Bei einem späten Frost fror es kräftig in die Knospen hinein. Mit Blüten war es auch in dem Jahr nichts. Und da der Sommer wieder relativ trocken wurde, wuchsen die meist sehr durstigen Sträucher zudem auch nicht so erfolgreich wieder nach. Wir geben aber die Hoffnung nicht auf – irgendwann werden wir den besagten Basilikum-Moment schon noch mit unseren Hortensien erleben.

## Das große Krabbeln

In der Zwischenzeit üben wir uns im Vertreiben von Schädlingen. Die sind unter Umständen nämlich ziemlich aufdringlich, wenn man wie wir ökologisch gärtnert. Da fühlen sich leider nicht nur die Pflanzen und die niedlichen Insekten wohl – sondern auch der eine oder andere Quälgeist. Mit der Zeit stellten wir fest: Gegen die meisten Schädlinge helfen in der Regel andere Piepelchen, die man inzwischen sogar aus einer Zucht kaufen kann. Marienkäfer zum Beispiel – die futtern für ihr Leben gern Blattläuse und sind im Internet käuflich, sollte man nicht genug im Garten haben. Wir haben zum Glück genügend Marinis herumflattern. Und helfen zur Not bei Rosen und anderen Zierpflanzen mit etwas Öl nach. So abgeduscht, rutschen die Läuse nämlich vom Stängel und machen sich anschließend aus dem Staub.

Die Blattläuse stören uns eigentlich meist wenig, ganz im Gegensatz zum Kohlweißling und der lästigen, lästigen Kohlfliege. Beide besiedeln nur zu gern Kohlgewächse aller Art und deren Verwandte und Bekannte. Die Raupen des Kohlweißlings fressen wie Nimmersatte im Nu Grünkohl und Co. ratzekahl auf. Auch an Kohlrabiblättern laben sie sich nur zu gern. Was dazu führt, dass die Pflanzen, die eigentlich zu den Anfängergemüsen gehören, ratzfatz eingehen. Und man sich als Neu-Gärtnernde gern mal fragt, welche der biblischen Plagen einen da heimgesucht hat. Die Kohlfliege macht ebenfalls aus einem Easy-peasy-Gemüse einen Fall für die Tonne. Die Larven fressen sich manchmal buchstäblich über Nacht kreuz und quer durch die Wurzeln, sodass diese ungenießbar werden. Das Fiese an der Kohlfliege: Wenn man sie einmal im Beet hat, ist die Erde fürs Erste verseucht. Die Eier halten sich nämlich mehrere Jahre. Wer auf einem befallenen Beet in der Saison drauf wieder Radieschen, Rettiche oder Kohlpflanzen anbaut, erlebt sein weißes Wunder. Was hilft: ein Netz, um damit das Beet von oben abzudecken. Oder aber Dill, das Kraut vertreibt die ungebetenen Gäste ebenfalls.

Gegen Nacktschnecken – die Endgegner aller (Klein-) Gärtnernden – ist leider noch kein Kraut gewachsen. Unsere Mütter, Gartennachbarn, Kleingärtnernde, die wir über Instagram kennenlernen, Garten-Nerds in Facebook-Gruppen, etliche Gartenratgeber ... an jeder Ecke gibt es andere Ratschläge. Wir fahren gut mit einem Mix aus Absammeln und einem speziellen Anstrich unserer Beete, sodass die Kriechtiere nicht mehr bis zum oberen Rand kommen. Die Hitze im Gartenjahr Nummer zwei tat dann ihr Übriges und erledigte das Schneckenproblem vorerst für uns. Ein weiteres Ass haben wir noch im Ärmel: Tigerschnegel. Das sind ebenfalls Nacktschnecken, aber mit einem aufregenden Hautmuster. Und einer besonderen Fressvorliebe: Normale Nacktschnecken gehören zu den Delikatessen auf ihren Speisekarten. Was irgendwie barbarisch klingt, soll uns nur recht sein. Wie auch Marienkäfer kann man die Schnegel im Internet kaufen. Wir waren in Gartenjahr drei leider etwas zu spät dran in der Saison und stellten unsere Anfrage im Schnegel-Shop erst, als sie schon ausverkauft waren. Wenig später fiel uns auf, dass es in unserem Garten an der Wohnung einige Exemplare gab – unsere eigene Schnegel-Zucht, wenn man so will! Wir drohten den Nacktschnecken in unserem Kleingarten mehrmals an, dass wir die Tiger loslassen, wenn sie nicht von unserem Gemüse ablassen. Schien zu helfen. Die Kohlfliege plagt uns mit Abstand stärker!

»Gewalt erzeugt Gegengewalt«, oder wie singen es die Ärzte so schön? Bei manchen Tieren werden wir rabiat. Oder zumindest Florian: Nachdem uns Wühlmäuse in der ersten Gartensaison die kompletten Pastinaken von unten her ausgehöhlt hatten, herrschte zwischen ihm und den kleinen Nagern ein erbitterter Krieg. Florian stellte Fallen auf. »Nützt ja nix«, wie Nachbarin Christa ihn ermutigte. Ich hoffe hingegen auf eine rapide Explosion der Raubvogelpopulation. Oder dass die heimlich gefütterten Katzen aus der Nachbarschaft mal ihres Naturells walten. Bisher ohne Erfolg. Also dürfen die Fallen erst einmal bleiben.

Generell ist Florian bei uns beiden der Schädlingsbeauftragte. Und der »Giftmischer« – im harmlosesten Sinne. Während wir unsere Nachbarn auch mal mit ominösen gelben Rucksäcken voll Wir-wissen-nicht-was an den Hecken entlangsprühen sehen, kommt bei uns nur Natürliches als Abwehrstoff gegen Schädlinge infrage. Neben den Ölduschen gegen Blattläuse, die Florian über den Sommer regelmäßig anrührt, hat er zusätzlich immer eine Flasche mit Milch-Mix zur Hand. Die hilft gegen Mehltau, ein Pilz, der gerade in sehr trockenen Sommern unsere Zucchini- und Kürbispflanzen plagt und sich auch auf anderen Gewächsen ausbreitet, unseren Rosen etwa. Florian ist auch der Herr über die Rhabarber- und Beinwelljauche, mit der wir unter anderem unsere Tomaten und Kartoffeln düngen und sie gegen Läusebefall schützen. Als Dünger wäre Brennnesseljauche noch besser, die wir allerdings aufgrund der Schwermetallbelastung nicht bei uns verwenden.

Ich bin dafür die Person für den Baum- und Strauchschnitt. Die die wichtigen Termine dafür im Kopf behält und entscheidet, welche Sträucher in welchem Jahr wie stark geschnitten werden, um unsere Anfängerfehler nach Möglichkeit nicht zu wiederholen.

Was unser Kleingarten uns in dieser Hinsicht lehrt: Als Gärtner wird man nicht geboren. Das Gärtnern lernt man vor allem aus Erfahrung – und klar, auch durch die eine oder andere Profi-Quelle. Mit einer Mischung aus Wissensdurst und Anfängerleichtsinn wandert das Grün hinter unseren Ohren ganz schnell in unsere Daumen. Und wir haben uns innerhalb weniger Gartensaisons vom Anfänger- ins Pro-Level gespielt.

# Kapitel 9

## Willkommen bei den Preppers – Gemüse und Obst verwerten

Eine unserer Katzen ist der Meinung, Erbsen zu pulen sei ein riesengroßer Spaß. Während wir den Nachmittag damit verbringen, die kleinen Kügelchen aus ihren Schoten zu frickeln, und uns fragen, wie wir eigentlich die grünen Ränder unter den Fingernägeln wegbekommen (Spoiler-Alert: Eine Nagelbürste reicht da nicht!), lauert sie zu unseren Füßen, um versprengten Erbsen hinterherzujagen. Was unsere Katze und uns unterscheidet – neben der Vorliebe für knackig-frische Mäuse? Wir rennen nicht nach etwa zehn Minuten der Erbsenpulerei in den anderen Raum, um einer spannenderen Beschäftigung nachzugehen oder uns gemütlich in die Sonne zu chillen. Wir ziehen das mit den Erbsen durch. Die landen gepult, gewaschen und getrocknet im Eisfach, um uns zu einem späteren Zeitpunkt einen Farb- und Vitaminkick auf dem Teller zu verschaffen. Dann sind wir auch wieder mit der Fummelei versöhnt – und die Erbsen schmecken gleich doppelt lecker!

So happy wir auch über unsere Ernte-Erfolge sind, so mühsam ist doch manchmal die Verarbeitung des ganzen Gemüses und Obstes, das wir mit unserem Anhänger heimkarren. Das Einkochen, Einlegen und Einfrieren sind definitiv Aufgaben, die wir bei der Gartenübernahme und auch bei unseren ersten Schritten im Bauerngarten unterschätzt haben. Inzwischen haben wir uns in Sachen Haltbarmachung aber ganz gut eingegroovt. Wir haben ziemlich genau auf dem Zettel, wann die viel zitierte Zucchinischwemme einsetzt und wir uns ein bisschen mehr Zeit für das Einkochen der grünen Früchte frei halten müssen.

Und wir wissen es sehr zu schätzen, wenn wir im Winter einfach nur ein Weckglas mit einer Cremesuppe oder selbst gekochter Ratatouille-Pasta-Soße aus der Abstellkammer holen müssen, um schwuppdiwupp ein schmackhaftes Abendessen zu zaubern.

Zugegeben, unser Vorratsregal sieht schon schwer nach der aktuellen Staffel *Preppers* aus. Das sind die Menschen, die jederzeit für einen Krieg oder auch eine Alien- oder Zombie-Apokalypse und die damit einhergehende Lebensmittel- und Klopapierknappheit gewappnet sind. Wir hoffen schwer, dass Zombies oder extraterrestrische Lebewesen Zucchini mögen. Denn damit können wir jedes Jahr wieder ab Ende Juli in ein reges Tauschgeschäft einsteigen!

Auf Garten-Latein nennt man die Prepper »Selbstversorger«. Wir möchten gern dazugehören und uns selbst versorgen. Dazu müssen die Beete natürlich erst einmal genügend hergeben, also einen Jahresvorrat an Kartoffeln, Tomaten, Zucchini und so weiter abwerfen. Weil wir ja auch im Winter gern etwas zu essen haben, kommt noch dazu, dass man sich als Selbstversorger Gedanken um die Lagerung von Gemüse und Obst machen und sich mit den verschiedenen Techniken der Haltbarmachung auseinandersetzen sollte. Und dass man sich nicht nur mit den Lebensmitteln eindeckt, sondern auch dafür sorgt, dass man unabhängig von Saatgutanbietern wird – also selbst Saatgut aus den Pflanzen gewinnt.

Wir tasten uns langsam an das Thema heran. Spannend ist erst einmal, herauszufinden, wie viele Pflanzen man tatsächlich benötigt, um genügend Ertrag von einer Sorte Gemüse oder Obst zu ernten. Wobei: Obst klammern wir bisher noch aus. Hier müssen unsere Apfelbäume oder vielmehr -büsche noch kräftig nachlegen. Mit der Rhabarber-Erdbeer-Himbeer-Marmelade, dem Rhabarber- und Pflaumenkompott sowie diversen Säften und Sirupsorten kommen wir schon ganz gut hin. Den Vitaminbedarf übers Jahr decken diese »Süßigkeiten« aber noch lange nicht.

Doch eins nach dem anderen. In puncto Gemüse sind wir schon auf dem besten Weg, Selbstversorger zu werden. Einige Gemüse sind bei uns im Garten echte Streber. Wobei wir es zum Beispiel bei den Zucchini auch wirklich drauf anlegen! Wir wissen: Eigentlich benötigt man pro Nase nur eine Zucchinipflanze, um den Konsum zu decken. Das verraten uns einschlägige Bücher und Foren. Was wir aber auch wissen: Da ich mich vegetarisch ernähre, essen wir deutlich mehr Gemüse als der Durchschnittsmensch, auf den sich die Zahlen in den Selbstversorger-Medien beziehen. Und: Setzt man auf zu wenige Zucchinipflanzen, rächt sich der Gemüsegott und schickt einem eine der Kleingärtnernden-Plagen in Form von Schneckenbefall oder Mehltau oder Hagelschaden oder, oder, oder ... Das besagen jedenfalls die Erfahrungen meiner Mutter.

## Einmal Zucchini mit allem, bitte!

Im Hinblick darauf und weil ja immer mal eine Pflanze es nicht schafft, setzen wir meist sechs oder sieben der Zucchinigewächse in unsere Beete und sind jedes Jahr wieder zu Beginn der Erntezeit überzeugt, zu wenige zu haben. Um dann zwei bis drei Wochen später eine regelrechte Zucchinischwemme zu erleben. Doch die Not – oder vielmehr der Überfluss – macht uns erfinderisch! So entwickelte Florian ein superschmackhaftes Veggie-Carbonara-Gericht auf Zucchini-Basis. Wir backen außerdem ultrasaftige Zucchini-Küchlein und mixen einen veganen Zucchini-Curry-Brotaufstrich, der lecker zu Brot, Crackern, aber auch Käse und Weintrauben schmeckt.

Burger aus Bohnen, Haferflocken und Zucchini-Raspeln landen bei uns auch regelmäßig auf dem Teller. Genauso wie Zucchini-Scheiben vom Grill. Auch mittlerweile ein Klassiker bei uns: gefüllte Zucchini in allen möglichen Varianten – mit Grünkern, mit Couscous, einfach nur mit Feta und Tomaten … Yum! Ins Einweckglas wandern die Zucchini bei uns auch – als Ragout oder zusammen mit Tomaten als Ratatouille. Das hält sich über den Winter und schmeckt lecker zu Pasta oder Couscous.

Mittlerweile sind wir so von unseren Zucchinipflanzen verwöhnt, dass wir an den mickrigen Exemplaren im Supermarkt und auf dem Markt nur überlegen kichernd vorbeilaufen. Die Gelegenheiten, zu denen wir Zucchini und auch Kürbisse gekauft haben, seit wir Kleingärtnernde sind, können wir an einer Hand abzählen. Auch Salat findet selten den Weg in unseren Einkaufskorb. Lediglich dann, wenn wir im Winter Besuch haben und für diesen dann ein Gericht mit Vorspeise kochen, darf mal ein Salat mit. Wir zwei allein kommen mit unserem Rund-ums-Jahr-Salat sehr gut hin. Wie viele Pflanzen wir hier haben? Schwer zu sagen! Wir säen auch Kopfsalatsorten nur als Pflücksalat, weshalb es schwierig ist, die einzelnen Pflanzen eindeutig voneinander zu unterscheiden. Aneinandergesetzt haben wir dauerhaft zwischen drei und fünf Beet-Meter Salat. Wir essen zwei- bis dreimal in der Woche Salat, in der »Hauptsaison« auch öfter – dann zum Beispiel in Form von grünen Smoothies.

Ganz ähnlich wie bei Zucchini, Kürbissen und Salat geht es uns mit den Kartoffeln: Im Jahr nach der Gartenübernahme ebbten unsere Kartoffel-Käufe schlagartig ab. Im ersten Gartenjahr kamen wir mit unserer Kartoffelernte bis über den Winter aus. In Jahr zwei und drei klappte das leider nicht mehr so einwandfrei. Laut Selbstversorger-Foren sollte man pro Esser und Gartensaison 50 bis 100 Saatkartoffeln setzen. Je nachdem, wie viele Kartoffelgerichte es geben soll und wie gut die Lagerungsmöglichkeiten sind. Kühl, trocken und dunkel: Wir lagern unsere Kartoffeln in der unbeheizten Abstellkammer, wo sie sich über den Winter in der Regel ganz gut halten. Über 15 Grad Celsius sollte der Raum nicht haben. Und es sollten nach Möglichkeit keine Zwiebeln oder Knoblauchknollen in der Nähe liegen, die sorgen nämlich für eine verfrühte Keimfreudigkeit der Kartoffeln.

Mit Rhabarber versorgen wir uns und diverse Freunde und Verwandte komplett selbst. Vor der Gartenübernahme haben wir die nach Vanille duftenden Stängel vielleicht ein- oder zweimal pro Saison gekauft, um vor allem klassischen Crumble daraus zu backen. Inzwischen sind wir sehr versiert, was die Rhabarber-Verarbeitung angeht, und genießen den Rhabarber – wie Zucchini – in diversen Formen und Aggregatzuständen. Wir kochen Rhabarbersirup, setzen Rhabarberlikör an und stellen diverse Marmeladen sowie Kompott her. Entweder pur oder auch in Kombination mit frischer Vanille, mit Himbeeren und/oder Erdbeeren. Klein geschnippelt wandert Rhabarber in diverse Kuchen und Crumble. Herzhaft schmeckt das fruchtige Gemüse aber auch: Etwa auf Brotscheiben, die wir mit Ziegenkäse belegen und im Ofen überbacken. Oder sämig gekocht als Soße, zum Beispiel zu Spargel.

Übrigens: Die großen grünen Blätter, die wir beim Ernten abschneiden, verwenden wir inzwischen als Dünger. Entweder setzt Florian damit eine Jauche an, oder wir legen die Blätter als Mulchmaterial zwischen die Rhabarberpflanzen oder auch in andere Beete.

Von einem Ausnahmekauf auf dem Markt oder im Supermarkt zu einem Standard in unserer Küche hat sich bei uns außerdem der Holunder gemausert. Jeden Frühling warten wir gespannt auf die zahlreichen Blüten, um daraus Holunderblütengelee zu kochen, das wir auf Brot oder zu Käse essen. Oder aber, wir setzen damit einen Holunderblütensirup an – schmeckt toll mit Sprudel oder auch mit Sekt und/oder Weißwein gemixt und mit Minze abgeschmeckt. Verarbeitungsart Nummer drei: Wir backen sie in einem Pfannkuchenteig in der Pfanne als Dessert aus. Ebenfalls sehr schmackhaft und für uns mittlerweile ein Standard in der Frühlingsküche – so wie für andere Spargel. Später im Jahr ernten wir dann die »Fliederbeeren«, wie man im Norden so schön sagt und kochen diese zu einem Saft. Der wärmt uns im Winter, heiß gemacht und mit Orangen oder auch weihnachtlichen Gewürzen versehen, schön durch.

## Einkochen, Einfrieren, Einbuddeln

Feuer, Feuer, Feurio,
heiz den Kessel so und so,
brenne warm und
lichterloh,
Feuer, Feuer, Feurio.

Irina Korschunow,
Das große Wawuschel-Buch

Wenn Rhabarber, Beeren oder Gemüse reif sind und verarbeitet werden wollen, verwandelt sich unsere Küche in eine Marmeladen- und Einweckstätte. Fast so, wie wenn die Wawuschels mit den grünen Haaren von Irina Korschunow ihre Tannenzapfenmarmelade einkochen. Dafür heizen die Wesen ihren Herd mit einem dreiköpfigen Drachen. Den haben wir nicht, aber in Gartenjahr Nummer zwei legten wir uns einen Einweckautomaten zu. Lange waren wir drum herumgeschlichen, aber erst unser Umzug in eine größere Wohnung gab den Ausschlag: Vorher war einfach nicht genug Platz da gewesen, das Ungetüm aufzustellen. Das Gerät kann gleich drei Dinge: Unsere Gläser und Flaschen per Dampf auskochen, sodass diese schön steril sind und Marmelade und Co. lange darin halten. Einkochen lassen sich unsere kulinarischen Kreationen damit auch. Wenn Gläser und Flaschen gefüllt sind, stellen wir sie für eine gewisse Zeit in Wasser – durch die Hitzeausdehnung entsteht ein Überdruck, und die überschüssige Luft entweicht aus den Gefäßen. Was den Inhalt wiederum haltbar macht. Zu hören ist das immer an den schönen Knack- und Zisch-Geräuschen beim Öffnen der Gläser und Flaschen. Funktion Nummer drei des Automaten: Entsaften. Ebenfalls mithilfe des Wasserdampfs, den das Gerät erzeugt, wird der Saft aus den Beeren gedrückt.

Wir weihten unseren Einkoch-Apparat mit unserer Holunderbeeren-Ernte ein. Wir entsafteten die Beeren zunächst und stellten das Gerät dafür auf unsere Terrasse. Als wir nach dem Rechten sahen, bemerkten wir, dass sich die WG aus dem Nachbarhaus auf dem Balkon nebenan versammelt hatte und dort aufgeregte Diskussionen führte. Wir grüßten. »Braut ihr da Bier?«, rief eins der Mädels vom Balkon. »Und wenn ja: Dürfen wir mal kosten?«, fragte einer der Jungs. »Leider nein, das wird Holunderbeeren-Saft«, klärte Florian auf. »Wollt ihr den mal probieren?« – Lange Gesichter, betretenes Gemurmel: »Nee, eher nicht.« Die Faszination blieb aber. Wann immer wir unseren Einkochapparat auf der Terrasse aufstellen, ernten wir neugierige Blicke. Warum wir das Gerät überhaupt nach draußen verbannen? Um Einweckgläser und Flaschen auszukochen und die Inhalte vernünftig haltbar einzukochen, muss der Automat zum Teil mehrere Stunden laufen. Im Hochsommer drinnen nicht gerade empfehlenswert. Denn schnell entsteht beim Entsaften oder Einkochen eine kleine Dampfsauna, die das Kochen oder Essen in der Küche unmöglich macht.

Ab April verbringen wir unsere Feierabende oft damit, diverse Marmeladen, Säfte, Sirups, Gelees einzukochen,

Liköre aufzusetzen oder Gemüse wie Gurken, Zucchini oder Kürbisse essigsauer einzulegen. Manchmal, ganz manchmal überkommt uns dann doch die Faulheit, oder der volle Terminkalender siegt. Dann frieren wir der Einfachheit halber unsere Gartenerzeugnisse ein. Da in unserem Gefrierschrank der Platz schnell knapp wird und auch unser Regal in der Abstellkammer nur begrenzt Abstellfläche bietet, spielen wir mit dem Gedanken, uns eine Erdmiete anzulegen. Das ist im Prinzip eine Grube in der Erde, in der man Gemüse lagern kann. Kartoffeln finden hier einen Platz, ganz unkompliziert in einer Kiste oder in einem Karton in den Boden gestellt. Karotten, Beten oder andere Wurzeln lassen sich hier ebenfalls lagern – dann in einer Kiste mit Sand eingebettet. Wichtig ist, die Miete vor Feuchtigkeit zu schützen, mit einer Schicht Sand etwa. Und Wühlmäuse und andere Mitesser fernzuhalten. Mit Draht oder – Geheimtipp! – Walnusslaub zum Beispiel. Die Miete schließt man mit einem Deckel aus einem Holzbrett. So kann die Luft zirkulieren und die Lebensmittel bleiben schön frisch und schimmeln nicht. Zwei Dinge halten uns aktuell noch von der Umsetzung der Erdmiete ab: Wir wissen genau, wie schwierig das Buddeln in unserem Erdreich um die Gartenhütte herum ist. Und: Mit solch einer Erdmiete scheint uns der Aluhut nicht mehr weit zu sein – und wir sind nicht sicher, ob wir bereit sind für das nächste Level des Selbstversorgerdaseins!

Weitaus weniger Arbeit als das Obst und Gemüse und auch weniger Platzprobleme haben wir mit unseren diversen Kräutern im Kleingarten. Die verarbeiten wir frisch oder getrocknet beim Kochen und Grillen, in selbst gemixten

Limonaden oder aufgegossen als Tees. Aus mediterranen Kräutern, die wir trocknen, mixen wir »italienische Kräuter« oder »Kräuter der Provence«. Mit Küchenkräutern wie Schnittlauch, Petersilie und Co. sowie Sellerie-Grün mischen wir unsere eigene Gemüsebrühe. Einige Kräuter nutzen wir sowohl als Gewürz als auch in Teemischungen, die wir uns ebenfalls selbst aus Trockenkräutern zusammenstellen.

Besonders oft zum Einsatz kommen:
SALBEI – diesen nutzen wir als Gewürz zum Kochen oder als Aufguss. Mit einem Löffel Honig versetzt, trinken wir Salbeitee zum Beispiel bei Halsschmerzen. Oder wir schwenken, wenn es mal schneller gehen muss, Nudeln oder Gnocchi in Butter mit ein paar Salbeiblättern – das funktioniert mit frischen wie mit getrockneten wunderbar.
THYMIAN – ebenfalls als Gewürz oder als Tee einsetzbar. Mit heißem Wasser aufgegossen, nutzen wir das mediterrane Kraut als Hausmittel gegen Husten. Wir pimpen damit außerdem Quitten- oder Apfelsaft – warm gemacht und mit Thymian versetzt, wird der zum Punsch. Und klar, fürs Kochen verwenden wir ihn ebenfalls. Getrocknet wandert er mit Rosmarin, Ysop, Majoran und Ähnlichem in unsere hausgemachte Kräutermischung.
VERSCHIEDENE SORTEN MINZE UND ZITRONENMELISSE – diese beiden Kräuter funktionieren, sehr dosiert eingesetzt, sehr gut als Geschmacksbringer, vor allem für Getränke. Wir mixen aus den frischen grünen Blättern und Stängeln selbst gemachte Limonaden oder stellen sie in Wasser, um diesem einen Frischekick zu verlei-

hen. In Feta-Wassermelonen-Salat und – wirklich sehr sparsam eingesetzt – in Kräuterbutter schmecken unsere diversen Minzsorten und auch die Zitronenmelisse sehr lecker. Getrocknet wandern sie in unsere verschiedenen Teemischungen.

**LAVENDEL** – sehr sparsam dosiert verfeinern wir damit unsere Kräutermischungen. Und wir hängen kleine Sträußchen im Kleiderschrank auf – die Allzweckwaffe gegen Motten und Schrankmuff.

**HIMBEERBLÄTTER** – kein klassisches Kräuterprodukt, eignen sich aber super als »Füllstoff« für diverse Teemischungen.

**SCHAFGARBE** – eins der Gewächse, die Nachbar Alfred gern als »Rotz« bei uns im Garten bezeichnet. Wir trocknen die Blüten als Beigabe zu unseren Teemischungen.

Unsere hausgemachten Teesorten füllen wir dann noch mit getrockneten Hagebutten sowie diversen Blüten auf: Rosen, Malven, Kornblumen, Ringelblumen, Königskerzen … Was in dem Gartenjahr halt gerade üppig blüht und sich einfach trocknen lässt. Wenn man Blüten erntet, sollte es ein paar Tage lang schön trocken und warm gewesen sein. Die Blüten sammelt man am besten um die Mittagszeit, wenn sie ihre volle Größe entfaltet haben. Auf einer sauberen Unterlage ausgebreitet, muss man sie ab und zu wenden. Nicht in der prallen Sonne trocknen, sonst kleben sie gern an der Unterlage fest – und lassen dann auch den Großteil ihres süß-blumigen Geschmacks dort drauf.

Kräuter sind da etwas gnädiger und einfacher haltbar zu machen. Deren Stängel sollte man kappen, bevor sich die ersten Blüten zeigen, sonst werden sie unter Umständen bitter. Die meisten mediterranen Kräuter lassen sich einfach als Bündel kopfüber aufgehängt trocknen. Beim Salbei zupft man die Blätter vom Stängel, sonst ziehen sich die ätherischen Öle beim Trocknen in den Stiel zurück.

Trotz unserer großen Auswahl: Beim Kräutertee sind wir noch lange nicht beim Selbstversorger-Status angekommen. Dafür trinken wir gerade im Winter viel zu viel. Aber wir arbeiten dran! Genauso wie an unserem Plan, noch ein paar weitere Kräuter und Heilpflanzen in unser Trocken-Repertoire aufzunehmen. Auf der Haben-wollen-Liste: Frauenmantel, den wir in der dritten Gartensaison großzügig angepflanzt haben. Dazu Zitronenverbene, die sich auch sehr gut für Limonaden anbietet. Johanniskraut und Baldrian wollen wir ebenfalls einmal ausprobieren – auch wenn sich infolgedessen dann die heimlich gefütterten Katzen bei uns ansiedeln könnten!

Tee- und Kräutermischungen sind wie Marmeladen und Gelees auch inzwischen unsere Standard-Mitbringsel und -Geschenkchen. In einem hübschen Glas abgefüllt und mit einem aus Stoff oder Papier gestalteten Deckel und einem netten Aufkleber versehen, geben unsere Garten-Gaben kleine Aufmerksamkeiten für Gastgeber und Geburtstagskinder ab, die sich eigentlich gar nichts wünschen.

# Willkommen in unserer Experimentier-Küche!

Was sich seit der Gartenübernahme noch an unserem Kaufverhalten verändert hat? So ziemlich alle Gemüse- und Obstsorten kaufen wir nur noch auf dem (Bio-)Markt oder im Biosupermarkt. Konventionell Erzeugtes kommt uns nur ganz selten in den Korb. Gerade bei Tomaten fällt uns auf: Die schmecken »von der Stange« einfach nicht so gut wie die nachhaltig hergestellten. Von den enthaltenen Pestiziden mal ganz zu schweigen. Seit wir unseren ersten Tomatenzucht-Sommer erfolgreich hinter uns gebracht haben, verstehen wir, wie viel Arbeit in dem Gemüse steckt. Und sind sehr gern bereit, mehr Geld dafür zu bezahlen!

Wobei: Je mehr wir selbst gärtnern, desto weniger geben wir für Gemüse aus – logisch, oder? Und das nicht nur, weil wir aus einem Tütchen Saatgut für knapp drei Euro diverse Gemüse einer Sorte ziehen. Wir versuchen gleichzeitig mit unseren Kleingärtnernden-Fortschritten auch weniger Abfall zu produzieren und unsere Ernte »mit Haut und Haar« zu verwenden. Das heißt jetzt aber nicht, dass wir Äpfel samt Kerngehäuse essen oder unsere Bananenschalen als Schuhputz-Lappen recyceln. Alles schon gesehen in besagten Selbstversorger- und Müllvermeider-Büchern, -Blogs und -Videos! Vielmehr geht's darum, das Geerntete komplett zu verarbeiten. Aus unserem Knollensellerie braten wir Schnitzel oder kochen ein Püree. Das Grün wandert klein gehäckselt in den Backofen, um dort zur Basis unserer selbst gemachten Gemüsebrühe zu trocknen.

Rote Bete, Gelbe Bete und Ringelbete ernten wir komplett und geben das Laub in unseren Salat, mixen daraus Smoothies oder kochen es zu einem Gemüse. Auch bei Karotten versuchen wir unser Glück. Inspiriert von zwei Instagrammerinnen, machten wir daraus mal mit Pinienkernen ein Pesto. Urgs, das schmeckte uns so gar nicht – mit Cashewkernen und Zitrone hingegen finden wir das Karottengrün-Pesto richtig lecker!

Was wir nicht verarbeiten können, landet entweder auf dem Kompost oder aber in unserer Wurmkiste. Florian hat sich einen Gartenfreak-Traum erfüllt und uns zu unseren zwei Katzen eine Hundertschaft Regenwürmer als Haustiere besorgt, für die er eine 1-a-Behausung gebaut hat. Die verputzen Kaffeesatz, ollen Salat und die Reste vom Gemüsefeste. Und vermehren sich zum Dank ganz tüchtig! Nach ein paar Wochen kann man zwei Dinge aus der Wurmkiste »ernten«: den Humus, den die Würmer aus den Abfällen produzieren, sowie das Wurmwasser. Was erst mal eklig klingt, ist im Prinzip nur die Feuchtigkeit aus dem Kompost, einmal durch die Regenwürmer gefiltert. Damit es nicht zu sauer wird im Kasten, kommt ab und an eine Portion Urgesteinsmehl hinein. Und Papier, um den Feuchtigkeitsanteil etwas zu steuern. Die Kiste riecht entgegen unserer Befürchtungen überhaupt nicht – nicht mal während der größten Hitzewelle im Sommer. Was noch dazukommt: Die Regenwürmer als Haustiere sind ein Spitzen-Konversationsthema und haben hohen Unterhaltungswert für die Kinder in unserem Freundes- und Familienkreis. Mit einer Mischung aus Neugier und Ekel werden dann nur zu gern ein Blick und auch mal ein Stück Gemüse oder Obst in die Kiste geworfen. Die Wurmkiste ist als Kompost-Lösung für Wohnungen und Balkone gedacht. Sollten es sehr viele Würmer werden, kann man diese bei Bedarf auch nach draußen »auswildern«.

Doch zurück zur aktiven Obst-, Gemüse- und Kräuterverwertung: Hier haben wir längst noch nicht alles ausprobiert, was noch bei uns auf der Liste steht. Wir wollen uns noch an das Thema Fermentation wagen. Kimchi oder Sauerkraut stehen bei uns in der Küche hoch im Kurs. Diese Kohlgerichte selbst herzustellen triggert definitiv den Pioniergeist in uns. To-do Nummer eins in Richtung Fermentieren: Kohl zum Wachsen und Ausreifen bringen – und das ohne Kohlfliegenplage oder Kohlweißling-Raupen-Überfall.

Ein zweites Feld, auf dem wir uns ausprobieren wollen: Naturkosmetik und Hausmittelchen. Wir befassen uns schon seit Längerem mit der Heilkraft von Kräutern. Die wir, wie beschrieben, als Teeaufgüsse schon fleißig nutzen und in Zukunft auch in anderen Formen testen wollen. Inspiriert hat uns unter anderem meine Schwester. Sie stellt aus Olivenöl und Beinwell eine Salbe her, die hervorragend gegen das Zwicken und Zwacken in Knien, Ellenbogen oder Nacken von zu langen Tagen am Schreibtisch oder übertriebenen Schubkarren-Sessions im Kleingarten hilft.

Uns wird definitiv nicht langweilig in unserem Garten – zu viele Projekte wollen noch umgesetzt, zu viel noch ausprobiert werden. Und so wachsen wir stetig mit unserer Parzelle mit.

# Epilog

## Warum ein Garten niemals fertig wird

»Wann war euer Garten eigentlich so richtig fertig?«, fragt jemand in einer unserer Schrebergarten-Gruppen auf Facebook. Wir sitzen an einem Sonntag beim Frühstück und scrollen durch unsere verschiedenen Feeds. »Wie wäre es mit nie?!«, fragt Florian zurück, als ich die Frage laut vorlese. Und meint es im besten Sinne: In einem Garten wächst ja ständig etwas Neues! Fertig wäre ein Garten also erst, wenn eine Kieselsteinhölle jedes Wachstum unterbinden würde. Vermutlich meint die Facebookgruppen-Person etwas anderes. Den Auf- und Ausbau der Laube mit Terrasse, fertig aufgebaute und bepflanzte Beete und dass alle Wege und sonstigen Features im Garten so angelegt sind, wie sie sollen. Doch auch das wäre nichts für uns. Viel zu viel haben wir noch vor. Und viel zu gern erwecken wir auf unserem Stückle neue Projekte zum Leben.

Mit dem Garten fertig zu sein würde für uns bedeuten, dass unsere Ideen versiegt wären und wir nichts mehr verändern wollen würden. Aber so ticken wir nicht. Einem von uns beiden schwirrt immer noch ein Projekt im Kopf herum, ist eine Ecke des Gartens immer noch nicht perfekt genug. Dabei geht es nicht darum, dass der Garten an der Stelle besonders picobello aussieht oder sich sonst wie instagrammable präsentiert. Wir sehen on- und offline einfach zu viele Dinge, die wir so oder ähnlich bei uns umsetzen und mit schon bestehenden Projekten kombinieren wollen.

Klar hätten wir auch gern einen Fast-forward-Knopf für so manches. Wie etwa unsere Gartenlaube: Die brauchte vom Schnurgerüst über die Punktfundamente und das Aufstellen der Hütte selbst bis hin zur »Schlüsselfertigkeit« gefühlt ewig. Die Herausforderung: Gerade als wir den Aufbau gemeistert hatten und das Dach endlich dicht war, eröffnete uns unsere Nachbarin, dass sie ihren Garten aufgeben wird. Was das mit uns zu tun hatte? Wir sollten eigentlich unseren Strom über den Verteilerkasten ebendieser Nachbarin beziehen. Da ihr Haus samt Stromkasten abgerissen werden sollte, hieß es für uns: Planänderung. Wir würden unseren Strom von einem anderen Nachbarn bekommen. Um uns eine Stange Geld zu sparen, hieß das auch: Wir verlegten das Stromkabel von unserer Parzelle zum Nachbarn. Dann musste ein Elektriker das Kabel nur noch an einen bereits vorhandenen Verteilerkasten anschließen und sicher verplomben. Hätten wir den Anschluss neu legen lassen, hätten wir mit 3500 Euro rechnen müssen. So waren es am Ende nur etwa 900 Euro.

Doch zunächst hieß es warten – und zwar richtig lange! Denn unsere Nachbarin musste erst einmal offiziell die Parzelle kündigen und das Haus ausräumen. Dann musste der Abriss ausgeschrieben und durchgeführt werden. Anschließend waren wir wieder dran. Gemeinsam mit unserem Nachbarn Friedrich, der bereits einige Erfahrung in so etwas hat, trieben wir ein Rohr durch den Boden, durch das später das Stromkabel gezogen wurde. Der Sicherheit wegen muss das Rohr etwa 80 Zentimeter tief in der Erde geführt werden. Und, wie könnte es anders sein: Auf der Parzelle unserer Nachbarin lag ähnlich viel Schutt wie auf unserer ganz zu Beginn unserer Kleingärtnernden-Karriere. Hurra! Aus dem Eben-mal-schnell-gemacht- wird ein Braucht-doch-länger-als-gedacht-Projekt. Und so benötigten wir für die Gartenhütte insgesamt am Ende rund eineinhalb Jahre.

Auch unsere Obstbäume und -sträucher stellen uns auf eine Geduldsprobe. Die könnten gern etwas schneller wachsen und eeendlich Früchte tragen. Noch dazu macht uns häufig das Hamburger Nieselwetter einen Strich durch die Rechnung, gerade dann, wenn wir ein neues Projekt angehen wollen.

Klar nervt es uns, von äußeren Umständen ausgebremst zu werden. Aber längst nicht mehr so stark wie noch zur Zeit unserer Gartenübernahme. Als Kleingärtnernde haben wir gelernt, dass das Gras nicht schneller wächst, egal, wie viel wir dran ziehen. Wir haben auch gelernt: Wenn ein Projekt nicht so schnell und reibungslos funktioniert wie gedacht, dann gönnen wir uns eben mal eine Pause. Oder ziehen ein anderes Projekt vor, das uns ein Erfolgserlebnis beschert.

Denn auf unserer Liste steht noch ganz viel. Manches davon lässt sich ganz schnell erledigen. Anderes wiederum dauert länger als angenommen. Die Renovierung unserer in die Jahre gekommenen Hollywoodschaukel etwa. Der Stoff ist verschlissen, die Insektenschutz-Netze haben so viele Risse, dass sie uns kaum mehr Schutz vor Mücken und Fliegen bieten könnten. Wir überlegten zunächst, Stoff und Netze auszutauschen – ein Projekt, das ich an einem verregneten Sonntag an der Nähmaschine schnell erledigt hätte. Nachdem wir auf einer Veranstaltung für Garten- und Home-Blogger einen Abend in einem traumhaften Garten mit einer riesigen Pergola verbracht hatten, formte sich ein ganz anderer Plan: Wir bauten das Gerüst unserer Hollywoodschaukel ab und ersetzten es durch eine DIY-Pergola aus Holz, die wir mit verschiedenen Kletterrosen und Clematis bepflanzten. Die Aufhängung der Schaukel montierten wir in dem Rahmen. Zum Schutz gegen die Sonne und für mehr Boho-Feeling brachten wir noch Vorhänge an und hängten für Deko-Zwecke Makramee-Blumenampeln mit Kräutern auf.

Der Weg zum Sitzplatz-Träumchen gestaltete sich gar nicht mal so romantisch. Denn beim Ab- und Wiederaufbau des Schaukel-Elements schafften wir es, den von Sonne, Wind und Regen gegerbten Stoff des Sitzes zu zerreißen. »Ach, da bestellen wir Markisenstoff, das nähe ich ruckzuck neu!«, verkündete ich. Nicht wissend, dass mich dieses Projekt stark an unserem Prinzip, möglichst viel zu recyceln, zweifeln lassen werden würde. Ich pauste den Zuschnitt für den neuen Sitz am Stoff des alten ab, unterschätzte aber, wie verzogen und ausgeleiert dieser durch die Nutzung sowie Wind und Wetter war. Bei der ersten »Anprobe« passten die Abnäher für die Halterungen leider nicht. Also legte ich eine zweite Näh-Session ein, um dieses Manko zu beheben, bei der die Sitzfläche etwas zu lang und die Rückenlehne etwas zu kurz gerieten. »Krrrrtsch« machte es, als Florian die Teile zusammenschraubte. »Aaaaaaaah, nein!«, maulte ich. Und setzte mich unter Fluchen ein drittes Mal an die Nähmaschine. Als die Schaukel dann schließlich hing, war die Freude umso größer! Weitere Großprojekte schoben wir allerdings etwas nach hinten.

Größere Vorhaben im Garten haben wir noch einige: Wir wollen unseren Weg endlich fertigstellen und dazu um die Gartenhütte herum eine Schotterwiese anlegen. Ja, auch etwas mit Steinen gestalten – wie in der Sammlung der schrecklichsten Vorgärten Deutschlands, aber doch ganz anders! Wir werden mit Sand und Schotter den Boden um die Hütte, der sehr verdichtet ist, auflockern. So kann das Regenwasser besser abfließen. Zusätzlich werden wir die Schotterwiese bepflanzen. Mit Bodendeckern, die unzählige Schritte, Schubkarrenfahrten und ähnliche Belastungen verknusen können und die gleichzeitig Insekten anlocken und ihnen eine weitere Nahrungsquelle bieten.

Um unsere Kräuterproduktion zu optimieren und uns noch mehr Vielfalt im Garten zu verschaffen, werden wir eine Kräuterspirale errichten. Inklusive eines Teichs, mit dem wir eine Sumpfzone imitieren können.

Noch dazu werden wir unseren Baumstumpf-Garten auf japanische Art umgestalten und erweitern. Und sowieso noch mehr Hirnschmalz und Herz in das Thema Zierpflanzen-, Stauden- und Blumenbeete stecken. Denn neben all der Selbstversorgerei soll es auch schön sein bei uns im Garten. Denn der hat für uns mehr als nur eine Funktion.

Apropos: Eine richtige Verwendung für unseren schwierigen Abhang werden wir auch noch finden. Das ist aber eine größere Aufgabe, die wir erst angehen werden, wenn andere Dinge zumindest ansatzweise fertig sind. Das Projekt Abhang wird am Ende auch verschiedene Teilprojekte vereinen. Das Errichten der geplanten Terrassenstufen etwa, um den Abhang zu stabilisieren. Die Planung und der Bau von mindestens einer Treppe oder etwas Ähnlichem, um die rund zwei Meter Höhenunterschied überwinden zu können. Den Ausbau unserer Kompost-Konstruktion, um hier eine Umschichtung zu ermöglichen. Die optimale Bepflanzung – und nicht zu vergessen die damit verbundene Aufschüttung des Abhangs mit dem richtigen Erdboden, der dazu passt. Viel zu tun also!

## Eine neue Zeitrechnung

Projekt wie diese sind es, die unser Kleingärtnernden-Dasein für uns so wertvoll machen. Denn sie führen uns heraus aus dem Hamsterrad, das uns der Kreislauf aus Arbeit und Wochenendgestaltung so vorgibt. Unter der Woche ordentlich ranklotzen, um den Leistungsdruck am Wochenende dann beim Feiern mit Freunden rauszutanzen – oder zu verdrängen, je nachdem, wie man es sieht. Wir wollen das schon lange nicht mehr so. Und merken, wie wir konstant übersättigt sind von Menschen und Eindrücken und dem Höher-schneller-weiter, das wir aus unserem Agentur-Umfeld kennen. Ob wir ein bisschen langweiliger geworden sind? Für einige unserer Freunde bestimmt! Wenn wir jetzt am Wochenende rausgehen, dann ganz gezielt. Denn meistens haben wir uns etwas für den Garten vorgenommen. Klar, Gartenarbeit kann zwar einen Kater mildern. Für manche Projekte braucht es aber jede Hirnzelle, die da oben so herumkullert. Weshalb wir inzwischen oft abwägen: feiern gehen und ausschlafen und es erst spät in den Garten schaffen? Oder doch lieber nur kurz etwas trinken gehen, sich früh aus dem Bett schälen und richtig was reißen im Kleingarten? Meistens gewinnt die zweite Option. Die gibt uns einfach mehr.

Wir merken: Das Kleingärtnern mit Haut und Haar, so wie wir es leben, kostet uns ein paar Freundschaften. Auf der anderen Seite wachsen durch das Gärtnern Beziehungen – zu anderen Kleingärtnernden, zu einigen unserer gartenverliebten Verwandten und Freunde, die gern Zeit bei uns draußen verbringen oder mit denen wir einfach stundenlang über Pflanzen und Projekte sinnieren. Über unseren Blog lernen wir noch dazu viele Menschen »aus dem Internet« kennen – zunächst mal online, einige davon auch »in echt«. Und merken: Da draußen gibt es ganz viele, die so drauf sind wie wir. Und manche wohnen sogar ebenfalls in Hamburg. Es verschiebt sich also gerade etwas bei uns.

Wir stellen auch fest, dass unsere Themen andere sind als noch vor der Kleingarten-Zeit. Wir können jetzt locker Stunden über das Wetter sprechen und uns über die Vor- und Nachteile des Klimawandels auslassen. Oder Reden über die Vorteile des natürlichen Gärtnerns gegenüber dem konventionellen Gartenbau schwingen. Mal im Ernst: Unsere Arbeit, die bisher einen riesigen Stellenwert für uns gehabt hat, wird immer weniger relevant. Klar, wir mögen nach wie vor das, was wir tun. Aber zwei Dinge werden uns klar. 1. Die Agentur-Welt ist nicht im Ansatz das echte Leben, sondern vor allem eine Blase.

2. Unsere Arbeit ist nicht der Mittelpunkt, sondern eher Mittel zum Zweck. Wenn es karrieretechnisch läuft, ist das toll – und bringt uns schließlich auch Geld ein, um unsere Projekte rund um den Garten umzusetzen! Aber: Stagniert es, ist das auch nicht weiter schlimm. Es gibt schließlich noch andere wichtige Dinge, die Aufmerksamkeit brauchen. Anstatt uns wie bisher über unseren Status in der Agentur zu definieren, lernen wir: Es gibt noch andere Dinge, die wir ganz gut können. Und was wir noch nicht beherrschen, das lernen wir dann schon noch. So eine Gartenhütte mit allem Drum und Dran zu errichten hilft da ungemein!

Was noch anders ist seit unserem Start als Kleingärtnernde? Wir sind mittlerweile viel seltener urlaubsreif als davor. Das ganze Geklotze in der Agentur – meist digital, eher wenig auspowernd, bedeutet eben auch, regelmäßig an die kreativen Kapazitäten zu stoßen. Was wiederum heißt, dass wir uns mehr Druck machen, trotzdem abzuliefern. Was oft dazu führt, dass wir unsere Akkus auf der Arbeit dermaßen entladen, dass wir ganz dringend Urlaub benötigen. Mit Voranschreiten der Zeit, seit wir unseren Garten haben, werden diese Zyklen weniger, das Akku-leer-Gefühl stellt sich viel seltener ein. Stattdessen erleben wir sehr oft den Zustand des Garden-State-of-Mind. Eine innere Getriebenheit, die uns unsere Projekte voranbringen lässt – aber in unserem Tempo. Der Ehrgeiz, im Kleingarten etwas zu schaffen, ist gepaart mit einer grundlegenden Relaxtheit: Wir wissen, dass wir einiges schaffen können. Und wenn nicht, dann ist es auch in Ordnung, wir sind mit uns selbst sehr viel gnädiger geworden.

Wegfahren und dem Alltagstrott entfliehen wollen wir trotzdem noch – aber das eigentlich nur im grauen Herbst-Winter, den Hamburg uns Jahr um Jahr anbietet. Ab März haben wir viel zu viel vorzubereiten, als dass wir länger als ein paar Tage Gartenzeit missen möchten. Im Sommer und Frühherbst sind wir sowieso so oft im Garten, sowohl nach Feierabend als auch am Wochenende, sodass wegzufahren uns gar nicht in den Sinn käme. Es sei denn, wir sind auf einer Hochzeit oder einer anderen Festivität eingeladen. Den November und den Dezember überstehen wir meist grad so mit der Aussicht auf Weihnachten. Danach wird die Sehnsucht nach dem Draußensein, Sonnenlicht und Pflanzengrün tanken, gefühlt unendlich groß. Aber Achtung – im März müssen wir wieder zu Hause sein, um in die Gartensaison zu starten.

Man kann durchaus sagen, dass sich unser Leben in die Zeitphasen »vor Kleingarten« und »nach Kleingarten« unterteilen lässt.

## Wir haben Großes vor

»Nach Kleingarten« haben wir etwas wiedergefunden, das wir in den letzten Jahren »vor Kleingarten« definitiv vermisst hatten: einen Mehr-Jahres-Plan.

Als wir noch in der Schule waren und später dann die Uni meisterten, hatten wir ein klares Ziel vor Augen – den Abschluss machen, um uns dann im Job zu verwirklichen. Während der ersten Monate und Jahre im Job verhielt es sich ganz ähnlich: Aufsteigen wollten wir, bis zu einer bestimmten Karrierestufe oder einem Gehalt X.

Doch was kommt eigentlich dann? Wussten wir irgendwann leider gar nicht mehr so genau. Eine Weltreise oder ein ähnliches Abenteuer stand nicht auf unserer Bucketlist. Ebenso wenig wie das solide Wohneigentum, von dem andere träumen, mit denen wir die (Hoch-)Schule besucht hatten. Wir beide wollten immer eine Familie, doch da hing für uns kein bestimmtes Lebensjahr dran. Es sollte passen und sich in dem Moment richtig anfühlen. Doch wann würde er kommen, dieser Moment? Und was würde drum herum noch passieren?

Wir ließen uns eine Zeit lang treiben, gingen arbeiten, trafen Freunde, besuchten Konzerte und Festivals, fuhren in den Urlaub ... und merkten irgendwann: Das erfüllt uns leider gar nicht mehr! Es fühlt sich zu beliebig an, zu wenig zielführend. Nicht, dass immer alles ein Ziel haben müsste. Dennoch.

Wenn wir an Freunde oder Menschen aus der Familie denken, die ihre Bucketlist-Träume umgesetzt haben und damit sehr viel Zufriedenheit und »Angekommensein« ausstrahlen, dann merken wir: Irgendetwas fehlt.

Der Kleingarten kommt da wie gerufen! Der hilft uns nicht nur dabei, ungeahnte Talente und Kräfte in uns zu wecken. Sondern auch, unseren Fünf-bis-zehn-Jahres-Plan zu gestalten. Angespornt von unseren Erfolgen im Garten, formt sich folgendes Vorhaben: Wir möchten gern ein Haus auf dem Land kaufen. Es soll uns sowohl als Ferienhaus dienen, aber auch Platz und Möglichkeiten bieten, dort Workshops durchzuführen, bei denen wir Menschen unsere Leidenschaft fürs Gärtnern und die Heimwerkelei näherbringen. Oder wir bieten mit dem Haus anderen Menschen eine Location für Kurse, die sie geben.

Komplett weg aus Hamburg zu gehen und dem Trubel und den Möglichkeiten der Stadt den Rücken zu kehren, können wir uns nicht vorstellen. Vielmehr möchten wir anderen Städtern, die sich an einem ähnlichen Punkt im Leben befinden wie wir unmittelbar zur Vor-Kleingarten-Zeitrechnung, unseren Garden-State-of-Mind näherbringen. Und sie inspirieren, etwas zu finden, was sie so erfüllt wie uns das Kleingärtnern. Oder eben das Großgärtnern – die Grundstücke auf dem Land sind meist erheblich größer als unsere Parzelle!

Was unser Plan zugegebenermaßen noch nicht ganz deutlich ausformuliert: Die Frage, was dann mit unserem Stückle passiert. Werden wir es schaffen, Landhaus und -garten, Kleingarten, Stadtwohnung, Stadtleben und nicht zu vergessen unsere Jobs zu handeln? Oder werden wir uns von Teilen unserer bisherigen Verpflichtungen trennen müssen?

Wir beschließen, diese Entscheidungen auf uns zukommen zu lassen. Um es mit den Worten unseres Garten-Gurus Monty Don zu sagen: »A garden is not a place. It's a journey.« In unserer Vor-Kleingarten-Zeitrechnung konnten wir uns nicht vorstellen, unsere Wochenenden auf der Parzelle zu verbringen und das Draußensein dem Feiern, Netflixen und Ausschlafen vorzuziehen. Genauso können wir aktuell nicht sagen, was sich richtig anfühlen wird, wenn wir das Haus-Projekt angehen. Das aber wissen wir: Wir werden uns zu gegebener Zeit für die Dinge entscheiden, die sich für uns gut anfühlen – und das wird dann auch richtig so sein.

# Anhang

# Rezepte

## Zucchini-Carbonara

*Schnell zubereitet und einfach lecker*

### Zutaten (für 2 Personen)

*1 Zucchini (ca. 250 g)*
*1 Zwiebel*
*1 Knoblauchzehe*
*1 Becher Sahne*
*75 g Parmesan*
*1 Hand voll Basilikum*
*Rosmarin, Thymian etc. nach Belieben*
*Salz und Pfeffer*
*Olivenöl*
*Pasta nach Wahl*

### Zubereitung

Knoblauch und Zwiebel fein würfeln, Zucchini nicht ganz so fein schneiden. In einer großen Pfanne Olivenöl erhitzen, Zwiebel und Knoblauch darin andünsten. Zucchiniwürfel dazugeben und so lange braten, bis sie leicht braun sind. Kräuter bis auf den Basilikum hinzufügen. Mit der Sahne ablöschen. Bei mittlerer Hitze köcheln lassen und nach und nach den geriebenen Parmesan einstreuen. Das Ganze soll schön sämig sein. Mit Salz, Pfeffer und Basilikum abschmecken.

Nudeln kochen, so, wie man es mag, abschrecken und dann mit in die Pfanne geben. Gut verrühren, bis sich alles schön verbunden hat. Anschließend ab damit auf den Teller. Wer mag, kann jetzt noch eine Prise Parmesan hinzugeben.

# Zucchini-Curry-Aufstrich

*Geschmacksintensiv und trotzdem sehr gut kombinierbar*

## Zutaten (für 5 Gläser à 150 Gramm)

*2 Zucchini (ca. 500 g)*
*½ Zwiebel*
*1 Knoblauchzehe*
*1 kleines Stückchen frischer Ingwer*
*3 EL heller Essig, alternativ Weißwein*
*Currypulver nach Belieben*
*Salz und Pfeffer*
*etwas neutrales Öl zum Anbraten*

## Zubereitung

Zwiebel und Knoblauch fein würfeln und in neutralem Öl in einer Pfanne scharf anbraten. Zucchini in etwas gröbere Würfel schneiden und ebenfalls in die Pfanne geben. Ingwer schälen, fein schneiden (Tipp: funktioniert mit einer Knoblauchpresse hervorragend!) und dazugeben. Mit hellem Essig oder alternativ Weißwein ablöschen. So lange köcheln lassen, bis die Zucchinistückchen schön gar sind und die Masse nicht mehr Wasser zieht, sondern streichfähig ist. Mit Currypulver, Salz und Pfeffer abschmecken, bis der gewünschte Geschmack erreicht ist. Wir würzen relativ kräftig und genießen den Aufstrich auf Brot, als Dip zu Crackern oder anderen Knabbersachen sowie als Chutney, wenn wir zum Beispiel eine Käseplatte herrichten.

# Zucchini-Ratatouille

*Tausendmal besser als Miracoli und Co.!*

## Zutaten (für 4 Portionen)

*1 Zucchini (ca. 250 g)*
*1 Aubergine*
*optional: 1–2 Paprika*
*2 Karotten*
*1 Zwiebel, weiß oder rot*
*4 mittelgroße Tomaten (oder eine Dose à 400 g)*
*1–2 Knoblauchzehen*
*je 2–3 Zweige Rosmarin, Thymian, Oregano, Ysop und Basilikum oder 1 EL getrocknete mediterrane Kräuter*
*3 EL Olivenöl*
*2–3 EL Tomatenmark*
*optional: etwas Rotwein oder Gemüsebrühe*
*Salz und Pfeffer*

## Zubereitung

Zwiebel und Knoblauch fein würfeln und mit Olivenöl in einer großen Pfanne oder einem Topf scharf anbraten. Karotten in Scheiben schneiden und dazugeben. Zucchini und restliches Gemüse in grobe Würfel schneiden und ebenfalls anbraten. Kräuter waschen, die Blätter abzupfen, bei Bedarf klein hacken und gemeinsam mit dem Tomatenmark hinzugeben. Falls die Mischung zu trocken wird, mit Gemüsebrühe oder Rotwein ablöschen. Mit Salz und Pfeffer abschmecken und etwa 15 bis 20 Minuten einköcheln lassen.
Frisch zu Pasta oder Couscous genießen oder in Weckgläsern haltbar machen.

# Rhabarber-Beeren-Marmelade

*Ein Stück Arbeit's Finest!*

## Zutaten (für ca. 7 Marmeladengläser à 150 Gramm)

*500 (750) g Rhabarber*
*500 (250) g Beeren nach Wahl – zum leicht säuerlichen Rhabarber passen am besten süße rote Beeren wie etwa Erdbeeren oder Himbeeren*
*Optional: 1 Vanilleschote*
*500 g Gelierzucker, 2 : 1*

## Zubereitung

Den Rhabarber waschen, grob schälen und in ca. 2 cm starke Stückchen schneiden. Beeren waschen und nach Bedarf schneiden. Optional die Vanilleschote auskratzen und das Mark gemeinsam mit den Früchten in einen Topf geben. Mit dem Gelierzucker verrühren und etwa 15 Minuten ziehen lassen. Anschließend die Masse erhitzen und währenddessen mit dem Stabmixer pürieren, wenn nötig.

Die Fruchtmasse aufkochen lassen. Nach etwa 3 Minuten sollte die Marmelade anziehen und langsam fest werden. In die vorbereiteten Gläser füllen, Deckel aufschrauben, Gläser stürzen, fertig!

Ein Tipp: Eine Gelierprobe hilft zu schauen, ob die Masse schon fest genug ist. Dafür einfach einen Teelöffel des Fruchtpürees auf einen kleinen Teller geben. Kurz stehen lassen und dann den Teller kippen. Ist das Püree fest, ist die Marmelade bereit zum Abfüllen. Wenn es noch rinnt, einfach 1 Minute weiterköcheln lassen und die Probe wiederholen.

# Rhabarber-Crumble

*Ein Klassiker – und so schnell gemacht!*

## Zutaten (für eine Auflaufform, ca. 20 x 30 cm)

### Für den Rhabarber

*400 g Rhabarber*
*2 EL Zucker*
*1 EL Zitronensaft*

### Für die Streusel

*180 g Mehl*
*100 g Zucker*
*100 g Butter, alternativ auch pflanzliche Margarine*
*1 Prise Vanilleextrakt*

### Für das »Finish«

*ca. 2 EL Vanillezucker, alternativ Zimtzucker*

## Zubereitung

Den Backofen auf 180 Grad (Umluft) vorheizen. Rhabarberstangen waschen und schälen: Dazu das untere Ende der Stangen abschneiden und die Schale abziehen. Weiter oben kann sie ruhig dranbleiben. Anschließend den Rhabarber in etwa 2 cm starke Stücke schneiden und mit Zucker und Zitronensaft vermischen. Ziehen lassen. In der Zwischenzeit die Streuselzutaten abwiegen und mit der Hand vermischen, sodass Streusel entstehen. Die Auflaufform fetten, den Rhabarber hineinschichten und die Streusel darüber krümeln. Wer will, gibt noch eine Schicht Vanillezucker oder Zimtzucker drüber. Etwa 20 Minuten im Ofen backen, fertig!

# Rhabarberlikör

*Lecker pur oder mit Sekt*

## Zutaten (für etwa 2,5 l Likör)

*1,5 kg Rhabarber*
*300 g Zucker*
*2 Vanilleschoten*
*1 l Wasser*
*750 ml Wodka, alternativ auch heller Rum oder Korn*

## Zubereitung

Den Rhabarber waschen, grob schälen und in etwa 2 cm starke Stücke schneiden. Die Stückchen in einen großen Topf geben und mit Zucker sowie dem Mark der ausgekratzten Vanilleschoten verrühren. Mindestens eine halbe Stunde ziehen lassen. Nun das Wasser hinzugeben und die Masse einmal aufkochen lassen. Für eine halbe Stunde auf kleiner Flamme unter Rühren weiterköcheln. Anschließend die Flüssigkeit in einer Schüssel oder einer Kanne auffangen.

Den Wodka zu dem Rhabarbersirup geben und gut verrühren. Durch einen Kaffeefilter in die vorbereiteten Flaschen füllen. Fertig!

Damit die rote Farbe erhalten bleibt, den Likör am besten dunkel lagern. Im Schrank oder in der Abstellkammer hält er sich bis zu einem Jahr.

## Holunderblütengelee

*Schmeckt nach Frühsommer im Glas*

### Zutaten (für ca. 7 bis 10 Marmeladengläser à 150 Gramm)

*3 Handvoll Holunderblüten*
*1,5 Zitronen*
*1,5 l Wasser*
*750 g Gelierzucker, 2 : 1*

### Zubereitung

Die Dolden am besten nicht waschen, nur ausschütteln. Die festen Stängel abknipsen. Die Blüten in eine Schüssel geben. Eine Zitrone waschen, in Scheiben schneiden und in die Schüssel geben. Das Wasser darüber gießen. Danach die Schüssel verschließen und im Kühlschrank mindestens einen Tag lang durchziehen lassen.
Nach der Ziehzeit die Blütenmasse einmal durch ein Sieb gießen und das Holunderwasser in einem Topf auffangen. Die Blüten nochmals gut auspressen, etwa in einer Spätzlepresse oder aber durch ein sauberes Geschirrtuch.
Jetzt zur Flüssigkeit noch den Saft einer halben Zitrone geben. Anschließend den Gelierzucker einrühren. Die Masse unter stetigem Rühren aufkochen lassen. Nach vier bis fünf Minuten Kochzeit sollte das Gelee fest werden. In vorbereitete Gläser abfüllen, diese zuschrauben und auf den Kopf stellen, fertig!

# Eine Garten-Übersicht

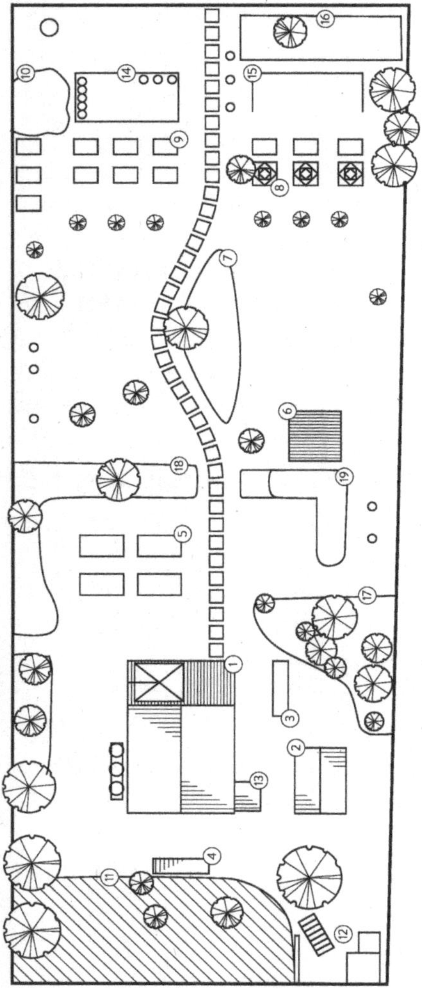

1. Gartenlaube mit Terrasse
2. Gewächshaus
3. Außenküche
4. Tomatenbushaltestelle
5. Hochbeete (die linken beiden mit Frühbeetaufsatz)
6. Pergola
7. Inselbeet
8. Kartoffelpyramiden
9. Hochbeete
10. Rhabarber
11. der „Abhang"
12. Kompost
13. Regenwassertank
14. Obstbeet
15. Wildblumenbeet
16. Staudenbeet
17. Baumstumpfbeet
18. Blumenbeet
19. Thujen-Hecke

# Lese-Empfehlungen

## Garten

Eveline Dudda & Klaus Laitenberger: *Spriessbürger: Handbuch für den Anbau von Gemüse und Salat in der Schweiz*. Hinterforst, 2015.

Carolin Engwert: *Abenteuer Garten: Mein erstes Jahr im Schrebergarten*. Stuttgart, 2020.

Marie-Luise Kreuter: *Der Biogarten*. München, 2019.

Kat Menschik: *Der goldene Grubber: Von großen Momenten und kleinen Niederlagen im Gartenjahr*. Berlin, 2019.

Harry Pötschke: *Gärtner Pötschkes großes Gartenbuch*. Kaarst, 2002.

Hans Walter Riess: *Obstbaumschnitt in Bildern*. München, 2020.

Wolf-Dieter Storl: *Der Selbstversorger*. München, 2013.

Wolf-Dieter Storl: *Die »Unkräuter« in meinem Garten. 21 Pflanzenpersönlichkeiten erkennen & nutzen*. München, 2018.

Dick und James Strawbridge: *Das große Buch der Selbstversorgung*. München, 2011.

Maarten 't Hart: *Die grüne Hölle: Mein wunderbarer Garten und ich*. München, 2017.

Meike Winnemuth: *Bin im Garten – Ein Jahr wachsen und wachsen lassen*. München, 2019.

## DIY

Emily Chappell: *A Hut of One's Own*. London, 2017.
Émilie Guelpa: *Das große Buch vom DIY: Über 110 Do it yourself-Projekte*. Neustadt an der Weinstraße, 2016.
Susanne Klingner: *Hab ich selbst gemacht*. Köln, 2011.

## Nachhaltigkeit

Anneliese Bunk, Nadine Schubert: *Besser leben ohne Plastik*. München, 2016.
Business Hub Berlin UG: *Fünf Hausmittel ersetzen eine Drogerie*. Berlin, 2019.
Milena Glimbovski: *Ohne Wenn und Abfall: Wie ich dem Verpackungswahn entkam*. Köln, 2017.
Lina Jachmann: *Einfach leben: Der Guide für einen minimalistischen Lebensstil*. München, 2017.
Christian Kuhtz: *Einfälle statt Abfälle*. Berlin, 2012.
Christoph Schulz: *Nachhaltig leben für Einsteiger: Schritt für Schritt den Unterschied machen*. München, 2019.

## Kochen

Sylwia Gervais: *My Little Green Kitchen: Ernten, kochen, genießen*. Münster, 2019.
Lynn Hoefer: *Einfach himmlisch gesund: Natürliche und schnelle Rezepte für das echte Leben*. Ostfildern, 2020.
Anja Klein: *Blüten-Genuss für Tafel und Teller: Rezepte und Deko-Ideen mit Blüten aus meinem Garten*. Ratingen, 2019.

Yotam Ottolenghi: *Jerusalem: Das Kochbuch*. München, 2013.
Yotam Ottolenghi: *Genussvoll vegetarisch*. München, 2011.
Susann Probst, Yannic Schon: *Krautkopf: Vegetarisch kochen und genießen*. Münster, 2015.
Adriane Andreas, Alessandra Redies (Hrsg.): *Vegetarisch! Das Goldene von GU*. München, 2011.
Weck: *WECK Einkochbuch*. Wehr-Öflingen, 1955.
Ulrich Jakob Zeni: *Die Einkoch-Bibel. 350 x Marmeladen, Gelees, Chutneys, Säfte & Co.* Innsbruck, 2013.

## Zeitschriften

*Brigitte Be Green*
*kraut&rüben* (und die *kraut&rüben*-Spezialhefte!)
*Landlust*
*Werde*
*passt!* Das Kundenmagazin von BAUHAUS

# Online-Empfehlungen

*Wir empfehlen hier nur, was wir auch selbst regelmäßig ansehen bzw. Kanäle, denen wir folgen*

## Garten

| *Name/ Link* | *Blog/ Website* | *TV* | *YouTube* | *Instagram* | *Facebook* | *Links* |
|---|---|---|---|---|---|---|
| Gardeners' World (UK) | x | x | x | x | | https://www.gardenersworld.com/ |
| Monty Don (UK) | | | | x | | https://www.instagram.com/themontydon/ |
| Alys Fowler (UK) | | | | x | | https://www.instagram.com/alysf |
| Hauptstadtgarten | x | | | x | x | https://www.hauptstadtgarten.de/ |
| Der kleine Horrorgarten | x | | | x | x | https://der-kleine-horror-garten.de/ |
| Farmmade Munich | x | | | x | x | https://www.farmmade.de/ |
| Osmers Garten | x | | | x | | https://osmers.me/ |
| Vern.de / alte.sorten | x | | | x | | https://vern.de/ |
| Fräulein Grün | x | | | x | | https://xn--fruleingrn-r5a90a.at/ |
| Parzelle 94 | x | | | x | | https://www.parzelle94.de/ |
| Agents of Field (UK) | x | | | x | | https://agentsoffield.com/ |

| *Name/ Link* | *Blog/ Web-site* | *TV* | *You-Tube* | *Insta-gram* | *Face-book* | *Links* |
|---|---|---|---|---|---|---|
| Verein Arche Noah | x | | | x | | https://www.arche-noah.at/ |
| Der Selbst-versorger-kanal | | | x | x | | https://www.youtube.com/user/rrhase |
| Der Garten-kanal | | | x | | | https://www.youtube.com/c/dergartenkanal |
| Selbst-versorger Rigotti | | | x | | | https://www.youtube.com/c/SelbstversorgerRigotti |
| Ingoder-Liegeradler | | | x | | | https://www.youtube.com/user/IngoderLiegeradler |
| Love Your Garden (UK) | | x | | x | | https://www.facebook.com/LoveYourGarden2 |
| Gartenzeit | | x | | | | https://www.rbb-online.de/gartenzeit/ |
| Querbeet | | x | | | | https://www.br.de/br-fernsehen/sendungen/querbeet/index.html |

# DIY

| *Name/ Link* | *Blog/ Web-site* | *TV* | *You-Tube* | *Insta-gram* | *Face-book* | *Links* |
|---|---|---|---|---|---|---|
| Selbst.de | x | | | | | https://www.selbst.de/ |
| Bosch All About DIY | x | | | | | https://www.bosch-diy.com/de/de/all-about-diy |
| Laura Kampf | | | x | x | | https://www.youtube.com/c/laurakampf |

| *Name/ Link* | *Blog/ Web-site* | *TV* | *You-Tube* | *Insta-gram* | *Face-book* | *Links* |
|---|---|---|---|---|---|---|
| Jonas Winkler | | | x | | | https://www.youtube.com/c/JonasWinkler |
| Pask Makes | | | x | | | https://www.youtube.com/c/PaskMakes |
| Kliemanns-land | x | | x | x | | https://www.kliemannsland.de/ |
| Mein Kleinstadt-Traumhaus | | x | | | | https://de.hgtv.com/hgtv/mein-kleinstadt-traumhaus/ |

# Nachhaltigkeit

| *Name/ Link* | *Blog/ Web-site* | *TV* | *You-Tube* | *Insta-gram* | *Face-book* | *Links* |
|---|---|---|---|---|---|---|
| einfach-meer-machen | x | | | x | | http://einfachmeermachen.de/ |
| Louisa Dellert | | | | x | | https://www.instagram.com/louisadellert/?hl=de |
| Milena Glimbovski | | | | x | | https://www.instagram.com/milenskaya/?hl=de |
| Viertel Vor | x | | | x | | https://viertel-vor.com/ |
| DariaDaria | x | | | x | | https://www.dariadaria.com/ |
| Pepper-mynta | x | | | x | | https://peppermynta.de/ |
| Kruut Organic | x | | | x | | https://www.kruut.de/ |

# Rezepte

| *Name/ Link* | *Blog/ Website* | *TV* | *You-Tube* | *Insta-gram* | *Face-book* | *Links* |
|---|---|---|---|---|---|---|
| Dreierlei Liebelei | x | | x | x | | https://dreierlei-liebelei.de/ |
| Justine kept calm and went vegan | x | | | x | | https://justinekeptcalmandwentvegan.com/ |
| Syl Gervais / Syl Loves | x | | | x | | https://syl-gervais.de/ |
| KrautKopf | x | | | x | | https://kraut-kopf.de/ |
| Ye Olde Kitchen | x | | | x | | https://yeoldekitchen.com/ |
| heavenlynn-healthy | | | | x | | https://www.instagram.com/heavenlynnhealthy/?hl=de |
| NYT Cooking | | | | x | | https://www.instagram.com/nytcooking/ |

# Quellen

Zitat auf Seite 215 aus: Irina Korschunow, Das große Wawuschel-Buch, dtv Verlagsgesellschaft mbH & Co. KG München 2015. (978-3-423-76133-8), S. 18. Mit freundlicher Genehmigung von dtv Verlagsgesellschaft mbH & Co. KG.

# Register